主编 / 史丹 王东

安徽省
产业发展研究

中国社会科学院工业经济研究所
安徽省私募基金业协会　　　　联合课题组　著
国厚资产管理股份有限公司

A STUDY ON INDUSTRIAL DEVELOPMENT OF
ANHUI PROVINCE

经济管理出版社
ECONOMY & MANAGEMENT PUBLISHING HOUSE

图书在版编目（CIP）数据

安徽省产业发展研究/中国社会科学院工业经济研究所、安徽省私募基金业协会、国厚资产管理股份有限公司联合课题组著 . —北京：经济管理出版社，2020. 4

ISBN 978 - 7 - 5096 - 7086 - 6

Ⅰ . ①安… Ⅱ . ①中… Ⅲ . ①区域经济发展—产业发展—研究—安徽 Ⅳ . ①F269. 275. 4

中国版本图书馆 CIP 数据核字（2020）第 065284 号

组稿编辑：胡　茜
责任编辑：胡　茜　詹　静
责任印制：黄章平
责任校对：陈晓霞

出版发行：经济管理出版社
　　　　　（北京市海淀区北蜂窝 8 号中雅大厦 A 座 11 层　100038）
网　　址：www. E - mp. com. cn
电　　话：（010）51915602
印　　刷：三河市延风印装有限公司
经　　销：新华书店
开　　本：720mm × 1000mm/16
印　　张：11. 5
字　　数：174 千字
版　　次：2020 年 5 月第 1 版　　2020 年 5 月第 1 次印刷
书　　号：ISBN 978 - 7 - 5096 - 7086 - 6
定　　价：59. 00 元

编　委　会

主编：

史丹　中国社会科学院工业经济研究所所长

王东　安徽省私募基金业协会会长、国厚资产管理股份有限公司执行总裁

顾问：

李厚文　国厚资产管理股份有限公司董事长

韩文辉　安徽省私募基金业协会秘书长

王邦金　国元证券机构客户部副总经理

王元凯　清华大学中国现代国有企业研究院特邀专家

周　庆　安徽省私募基金业协会副秘书长

序　言

当前经济全球化持续发力，伴随区域经济的不平衡发展，世界经济格局正在进行重新调整。从国内看，我国经济已进入以扩大内需为主导的新一轮增长，经济重心开始加快向内地延伸，在此背景下，安徽省产业发展面临着重要的历史机遇和前所未有的挑战。

新一轮科技革命与我国加快转变经济发展方式，形成历史性交汇的战略机遇期，也是安徽省实现调结构、转方式、促发展的攻坚期，目前安徽省正在快速推进新型工业化进程，实现迈向工业大省、工业强省的新跨越。为更好地研究2019年安徽省产业发展情况，中国社会科学院工业经济研究所、安徽省私募基金业协会、国厚资产管理股份有限公司成立联合课题组，通过深入调查研究，在梳理总结全球产业发展趋势，系统分析安徽省区位、资源等比较优势的基础上，提出了全省传统产业转型升级和新动能培育的思路对策，并就金融服务实体经济发展和困境资产风险化解进行了深入探讨。

"新故相推，日生不滞"，安徽省产业发展研究将是一个持续性、长期性的过程，也期待史丹所长领衔的中国社会科学院工业经济研究所发挥专业实力，为新常态下实体产业转型升级和企业创新发展提出更多真知灼见，提供更多专业指导。

中国证券监督管理委员会副主席　阎庆民

2020 年 3 月 30 日

目　录

第一章　全球产业发展现状与趋势 …………………………………… 1

一、全球产业发展状况分析 …………………………………………… 1

（一）制造业是全球经济的主导产业部门 …………………………… 1

（二）亚太地区在全球制造业生产格局中的地位显著上升 ………… 3

（三）全球制成品贸易"三足鼎立"格局基本稳定 ………………… 5

（四）全球制造业的技术结构升级态势不明显 ……………………… 9

（五）全球制造业创业创新环境改善速度放缓 ……………………… 11

二、全球制造业未来发展趋势 ……………………………………… 13

（一）制造业驱动全球经济增长的作用会进一步强化 …………… 13

（二）亚洲是驱动全球制造业增长的核心区域 …………………… 15

（三）高技术制成品本地化生产程度提高的趋势很可能会持续 …… 17

（四）全球制造业服务化进程将会持续推进 ……………………… 18

第二章　安徽省产业发展现状及其比较 ………………………… 21

一、安徽省产业发展现状 …………………………………………… 21

（一）产业结构整体不断趋于合理化和高级化 …………………… 22

（二）传统农业地位稳固，林牧渔业发展快速 …………………… 29

（三）工业的主导地位有所减弱，高端制造业发展迅速 ……… 31

（四）新兴服务业崛起，经济带动作用加强 ……………… 39

二、安徽省产业发展的横向比较 ………………………………… 43

（一）产业总体规模偏小，产业结构合理度和高级度较低 … 43

（二）工业化水平较低，战略新兴制造业发展不足 ……… 48

（三）服务业规模较小，新兴服务业与公共服务业发展滞后 … 53

三、安徽省产业发展趋势分析 …………………………………… 55

（一）产业基础良好为战略新兴产业提供了发展条件 …… 55

（二）国内外新的技术与产业发展形势为战略新兴产业

　　　发展提供了机遇期 ……………………………………… 57

（三）与周边发达地区产业分工协作为新兴产业发展

　　　提供了重要平台 ………………………………………… 59

第三章　安徽省传统产业转型升级 ………………………………… 62

一、安徽省传统产业转型升级的有利条件与制约因素 ……… 62

（一）安徽省传统产业转型升级的有利条件 …………… 62

（二）安徽省传统产业转型升级的主要制约因素 ……… 66

二、安徽省传统产业转型升级的指导思想与目标 …………… 67

（一）指导思想 …………………………………………… 67

（二）基本原则 …………………………………………… 68

（三）转型目标 …………………………………………… 68

三、安徽省传统产业转型升级的路径与重点任务 …………… 69

（一）提升自主创新能力，提高传统产业转型升级的

　　　技术支撑能力 ………………………………………… 69

（二）加大产业的智能化、信息化改造，推动传统产业的

　　　智能化转型 …………………………………………… 70

（三）加大产业的服务化改造，推动传统产业的服务化转型 ……… 70

（四）扩大开放，推进传统产业的开放化发展 ……………… 71

（五）加快产业绿色低碳化改造，推动传统产业向绿色

低碳化发展 …………………………………………… 72

四、安徽省重点传统产业转型升级的方向 ……………………… 74

（一）煤炭工业 ………………………………………………… 74

（二）钢铁工业 ………………………………………………… 75

（三）有色金属工业 …………………………………………… 76

（四）建材工业 ………………………………………………… 77

（五）化工产业 ………………………………………………… 78

（六）家电工业 ………………………………………………… 79

（七）纺织服装产业 …………………………………………… 81

五、安徽省传统产业转型升级的投资机会 ……………………… 81

（一）传统产业创新驱动转型过程中的投资机会 ………… 81

（二）传统产业的智能化改造升级过程中的投资机会 …… 82

（三）传统产业开放性发展过程中的投资机会 …………… 82

（四）传统产业低碳化改造过程中的投资机会 …………… 83

（五）传统产业"僵尸企业"处置过程中的投资机会 …… 83

第四章　安徽省新增长动能培育和重点选择 …………………… 84

一、新工业革命催生新增长动能 ………………………………… 84

（一）主导技术和主导产业日趋明确 ……………………… 85

（二）大国战略博弈，重塑全球竞争格局 ………………… 87

（三）国内各地加速布局发展新动能 ……………………… 88

二、安徽省培育新动能的基础 …………………………………… 89

三、安徽省新增长动能的作用和定位 …………………………… 92

（一）新动能在安徽省经济社会发展中的作用 …………… 93

（二）安徽省在全国新兴动能中的定位 …………………… 94

四、安徽省新增长动能的投资重点 ⋯⋯⋯⋯⋯⋯⋯⋯ 95

（一）先进制造业 ⋯⋯⋯⋯⋯⋯⋯⋯⋯⋯⋯⋯⋯ 96

（二）现代服务业 ⋯⋯⋯⋯⋯⋯⋯⋯⋯⋯⋯⋯⋯ 102

（三）智能社会管理 ⋯⋯⋯⋯⋯⋯⋯⋯⋯⋯⋯⋯ 104

第五章 安徽省承接产业转移与对接国家战略研究 ⋯⋯⋯⋯⋯ 108

一、安徽省承接产业转移的优势条件、重要进展与面临问题 ⋯⋯⋯⋯ 108

（一）优势条件 ⋯⋯⋯⋯⋯⋯⋯⋯⋯⋯⋯⋯⋯⋯ 108

（二）产业转移取得重要的阶段进展 ⋯⋯⋯⋯⋯⋯ 110

（三）承接产业转移存在的问题 ⋯⋯⋯⋯⋯⋯⋯⋯ 115

二、安徽省对接国家战略的优势条件和重点领域 ⋯⋯⋯⋯⋯ 117

（一）安徽省对接国家战略的优势条件 ⋯⋯⋯⋯⋯ 117

（二）安徽省对接国家战略的重点领域 ⋯⋯⋯⋯⋯ 120

三、企业参与承接产业转移和对接国家战略的投资机会 ⋯⋯⋯⋯ 122

（一）盘活一批停产企业资产 ⋯⋯⋯⋯⋯⋯⋯⋯⋯ 122

（二）承接一线城市的创新资源 ⋯⋯⋯⋯⋯⋯⋯⋯ 123

（三）组建平台型园区开发企业 ⋯⋯⋯⋯⋯⋯⋯⋯ 124

（四）推动产业承接项目"三化"改造升级 ⋯⋯⋯⋯ 125

（五）推动中央驻皖科研机构改革释放活力 ⋯⋯⋯⋯ 126

四、对策建议 ⋯⋯⋯⋯⋯⋯⋯⋯⋯⋯⋯⋯⋯⋯⋯⋯⋯ 127

第六章 安徽省金融服务实体经济发展 ⋯⋯⋯⋯⋯⋯⋯⋯⋯ 130

一、安徽省金融服务实体经济发展的现状 ⋯⋯⋯⋯⋯⋯⋯ 130

（一）金融总量快速增长 ⋯⋯⋯⋯⋯⋯⋯⋯⋯⋯⋯ 130

（二）金融业对经济的贡献度逐年提高 ⋯⋯⋯⋯⋯ 131

（三）金融体系不断完善 ⋯⋯⋯⋯⋯⋯⋯⋯⋯⋯⋯ 134

（四）金融业运行质量良好 ⋯⋯⋯⋯⋯⋯⋯⋯⋯⋯ 136

（五）重点领域和薄弱环节金融服务得到强化 …………… 136

（六）完善金融支持创新机制 ……………………………… 137

（七）改革创新稳步推进 …………………………………… 137

（八）风险防控能力持续增强 ……………………………… 138

二、安徽省金融服务实体经济发展存在的问题 ……………… 139

（一）资金利用率和回报率不高 …………………………… 139

（二）金融传导不畅 ………………………………………… 139

（三）金融结构不优 ………………………………………… 140

（四）民营企业融资难、融资贵问题没有根本缓解 ……… 140

（五）融资模式的创新不够 ………………………………… 140

（六）直接融资地域发展不平衡 …………………………… 140

三、安徽省金融服务实体经济发展现存问题的原因分析 …… 141

（一）国家层面 ……………………………………………… 141

（二）地方政府层面 ………………………………………… 141

（三）金融机构层面 ………………………………………… 142

（四）企业层面 ……………………………………………… 143

四、安徽省金融服务实体经济发展建议 ……………………… 145

（一）优化金融服务实体经济发展的生态环境 …………… 145

（二）拓展金融服务实体经济发展的融资渠道 …………… 146

（三）完善金融服务实体经济发展的布局体系 …………… 148

（四）融合金融服务实体经济发展的重点环节 …………… 149

（五）强化金融服务实体经济发展的风险管理 …………… 151

第七章　安徽省困境资产特征及风险化解 …………………… 153

一、安徽省困境资产情况 ……………………………………… 153

（一）地方法人银行不良率偏高，拨备覆盖率下降 ……… 153

（二）资产分布呈现"纵向传导、横向扩散"的态势 ……… 154

（三）零售类贷款风险凸显，困境资产增速较快…………… 154

（四）非信贷资产规模快速扩张，风险管控压力不容忽视………… 155

二、安徽省困境资产风险化解的重要意义………… 155

（一）阻碍地方供给侧结构性改革进程………… 155

（二）增加地方金融风险及维护地区稳定………… 156

（三）加大地方政府融资平台债务爆发风险………… 156

（四）恶化地方信用和投资环境………… 156

三、安徽省困境资产风险化解手段………… 157

（一）传统类处置模式………… 157

（二）创新处置模式………… 158

（三）基金处置模式………… 160

四、安徽省困境资产风险化解成功案例………… 162

（一）华纳公司债务重组案例………… 162

（二）国开公馆破产重整案例………… 165

五、小结………… 169

后　记………… 171

第一章 全球产业发展现状与趋势

一、全球产业发展状况分析

（一）制造业是全球经济的主导产业部门

制造业作为实体经济最重要的组成部门，在推动全球经济增长中一直发挥着重要作用。根据世界银行全球发展指数（World Development Indicators，WDI）数据库发布的数据，按照 2010 年不变美元价格计算，1997 年全球制造业增加值为 77832 亿美元，2016 年已增长至 118462 亿美元，年均复合增长率为 2.24%。在此期间，只有 2001 年、2008 年和 2009 年出现了负增长，其他年份全球制造业增加值的增速都为正。与同期全球服务业增加值增速和世界各经济体 GDP 总和增速相比，制造业增加值的波动幅度更大。例如，2009 年全球制造业增加值增速为 -9.77%，2010 年其增速又大幅回升至 9.09%，两年间增速的振幅达 18.86%，是同期全球服务业增加值增速与 GDP 总和增速振幅的 3.1 倍、5.2 倍。这主要是因为制造业尤其是耐用品制造行业的需求主要由企业和家庭的中长期收入决定，而服务业的需求主要是受企业和家庭当期收入的影响。由于中长期的累积影响通常大于当期的即期影响，因此在经济衰退阶段，制造业产品尤其是耐用消费品需求的下降幅度会大于经济总体降幅，而服务业需求的降幅会相对较小；在经济复苏阶段，企业和家庭预期中长期收入水平或收入增速会提高，这就使制造业产品的需求增速会超过经济总体增长速度，而在此期间服务业需求增长的势头则会比较温和。从全球制造业顺周期大幅波动这个特征看，制造业是决定世界经济衰退深度和复苏势头的主要产业部门。

从全球制造业增加值占比和就业占比看，制造业仍然是主导性产业部门，但其地位有所下降。1997 年，全球制造业增加值占 GDP 总和的比重为 15.89%。此后数年，这一比重持续降低，到 2003 年跌至 14.38%。2004 年，这一比重有较大幅度提高，当年上升至 17.3%。此后，又呈现逐年小幅降低的态势，到 2016 年，全球制造业增加值占 GDP 总和的比重为 15.58%，与 1997 年相比降低了 0.31 个百分点。此外，在 1997~2016 年，全球制造业的就业岗位创造能力呈先增后降态势，制造业就业人口占全部就业人口的比重则稳步下降。1997 年，全球制造业就业人数为 41398 万人，此后 10 年制造业的就业岗位创造能力基本上是稳步提升的，到 2007 年，全球有 45417 万人在制造业部门就业。也就是说，10 年间全球制造业多创造了 4020 万个就业岗位。但从 2008 年开始，全球制造业的就业人数逐年减少，到 2016 年已降至 42809 万，与 2007 年相比，制造业就业岗位流失了 2609 万个。1997~2016 年，全球制造业就业人口占世界全部就业人口的比重，基本呈逐年下降态势，2016 年这一比重已跌至 13.2%（见表1-1），比 1997 年降低了 3.4 个百分点，降幅高达 20.5%。

表 1-1　全球制造业增加值和就业的增速、占比及其与服务业的比较

年份	制造业增加值（亿美元）	制造业增加值的增速（%）	GDP 总和增速（%）	服务业增加值增速（%）	制造业增加值占 GDP 总和比重（%）	制造业就业人口占世界全部就业人口的比重（%）
1997	77832	—	—	—	15.89	16.6
1998	78587	0.97	2.53	2.95	15.69	16.1
1999	80806	2.82	3.25	3.42	15.38	15.9

续表

年份	制造业增加值 （亿美元）	制造业 增加值的 增速（%）	GDP 总和 增速（%）	服务业 增加值 增速（%）	制造业增加 值占 GDP 总 和比重（%）	制造业就业人口 占世界全部就业 人口的比重（%）
2000	85598	5.93	4.39	4	15.27	16
2001	84572	− 1.20	1.91	2.66	14.79	15.8
2002	85415	1.00	2.16	2.6	14.48	15.7
2003	88477	3.58	2.91	2.51	14.38	15.8
2004	93485	5.66	4.45	3.67	17.30	15.7
2005	96745	3.49	3.83	4	17.11	15.6
2006	102020	5.45	4.31	3.93	17.07	15.6
2007	106919	4.80	4.23	4.19	16.85	15.5
2008	106309	− 0.57	1.82	2.09	16.42	15.1
2009	95919	− 9.77	− 1.74	− 0.6	15.59	14.7
2010	104641	9.09	4.31	3.02	15.85	14.5
2011	107938	3.15	3.18	2.92	15.75	14.4
2012	108734	0.74	2.51	2.61	15.60	14.4
2013	110269	1.41	2.62	2.47	15.39	14
2014	113437	2.87	2.86	2.57	15.42	13.7
2015	116250	2.48	2.86	2.71	15.72	13.4
2016	118462	1.90	2.51	2.6	15.58	13.2

资料来源：世界银行（World Bank），国际劳工组织（International Labour Organization）。

从理论上讲，随着经济发展水平的提高，制造业增加值占比和就业占比都会下降，但考虑到制造业是激发技术创新的最重要产业部门，是欠发达国家最有可能创造就业岗位的产业领域。因此，为了促进全球技术创新和应用，以及为欠发达国家劳动力创造更多就业岗位，从而使全球经济增长更有创新性、更具包容性，需要进一步改善制造业发展环境，巩固制造业在全球经济中的主导地位。

（二）亚太地区在全球制造业生产格局中的地位显著上升

从生产的角度看，2004～2016 年，全球制造业增加值主要由东亚和太平洋地区、欧洲和中亚地区、北美地区这三大区域贡献，拉丁美洲和加勒比地区、中东和北非地区、南亚地区、撒哈拉以南非洲地区这四大区域的制造业增加值占比较低。在此期间，东亚和太平洋地区、欧洲和中亚地区、北美地区三大区域的制造业增加值占全球比重的和最高达89.5%（2004年），最低也有85.71%（2010年），平均值为87.61%。也就是说，在过去十多年里，东亚和太平洋地区、欧洲和中亚地区、北美地区这三大区域作为一个整体，在驱动全球制造业增长方面的地位没有变化。不过，在此期间，这三大区域之间的相对地位已经发生了显著改变。其中，东亚和太平洋地区制造业增加值占全球的比重已从2004年的31.57%，逐步提高至2016年的44.27%，并且自2008年超越欧洲和中亚地区成为全球制造业增加值占比最高的地区之后，其领先优势逐年扩大；欧洲和中亚地区制造业增加值占全球的比重从2004年的33.37%，逐渐降低至2016年的23.52%，从领先东亚和太平洋地区变为仅有后者的一半多一点；而北美地区制造业增加值占全球比重的位次尽管一直保持在全球第三位，但其绝对值却从2004年的24.57%降低为2016年的19.04%。值得注意的是，与欧洲和中亚地区制造业增加值占比在2004～2016年持续下降的态势不同，北美地区制造业增加值占比在此期间呈先降低后上升的趋势。在2011年跌至17.7%的最低点后，逐步提高至2016年的19.04%。整体而言，驱动全球制造业增长的重点动力区域，已从东亚和太平洋地区、欧洲和中亚地区、北美地区"三足鼎立"演变为"一核两翼"。这一区域格局演变的背后，是中国制造业的快速崛起。如果不计入中国大陆制造业增加值占全球的比重，那么东亚和太平洋地区制造业增加值占全球的比重在2004～2016年基本呈逐步下降态势。2016年，除中国大陆之外的东亚和太平洋地区制造业增加值占全球的比重为18.07%，比2004年的22.85%降低了4.78个百分点，降幅超过20%（见图1-1）。

在其他四个大区域中，拉丁美洲和加勒比地区制造业增加值占全球的比重在2004～2010年呈上升态势，从2004年的5.5%提高至2010年的7.18%；但在2011～2016年，这一比重又出现了持续降低的现象，到2016年已跌至5.73%，比2004年仅高出0.23个百分点。中东和北非地区制造业增加值占全球的比重在

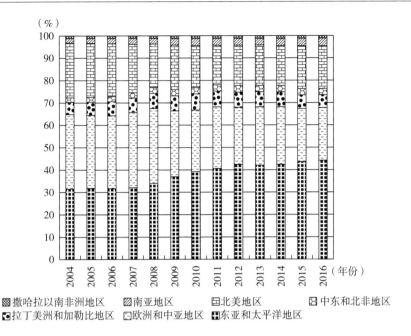

图1-1　全球制造业增加值在七大区域的分布情况

资料来源：世界银行（World Bank）。

2004~2012年有较大幅度提高，从2004年的2.09%逐年上升至2012年的3.05%，增幅为45.93%；但在2013~2016年也出现了占比下滑的情况，2016年已下降至2.81%。南亚地区制造业增加值占全球比重在2004~2016年基本呈逐年提高态势，2016年为3.55%，比2004年的2.03%提高了1.52个百分点，增幅达75%。撒哈拉以南非洲地区制造业增加值占全球的比重在2004~2016年基本稳定在1.1%~1.32%（见图1-1）。

（三）全球制成品贸易"三足鼎立"格局基本稳定

从出口贸易的角度看，2000~2015年，全球制成品出口主要来自欧洲和中亚地区、东亚和太平洋地区、北美地区这三大区域，拉丁美洲和加勒比地区、中东和北非地区、南亚地区、撒哈拉以南非洲地区这四大区域的制成品出口占比较低（见图1-2）。过去十多年里，东亚和太平洋地区、欧洲和中亚地区、北美地区三大区域的制成品出口占全球比重之和呈先下降后上升的态势。2000 年，这三大地区制成品出口占全球的份额为 87.74%，然后逐步降低至 2011 年的81.81%；但此后这一比重又开始回升，到 2015 年已上升至 85.45%。

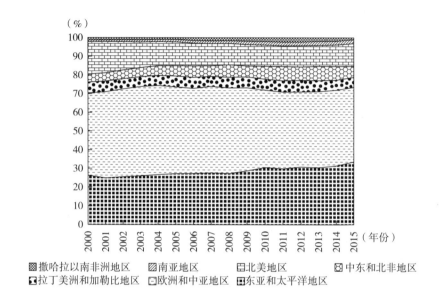

图 1-2　全球制成品出口额在七大区域的分布情况

资料来源：世界综合贸易解决方案（WITS）数据库。

　　与全球制造业生产的区域格局发生了重大改变不同，世界制成品出口的区域格局的变化相对较小，"三足鼎立"的格局基本保持稳定。第一，欧洲和中亚地区的制成品出口占比尽管从 2000 年的 44.24% 下降至 2015 年的 39.79%，但在七大区域中，它依然是制成品出口占比最高的区域。与其制造业增加值的全球占比下降幅度相比，欧洲和中亚地区的制成品出口占比下滑程度更低，这在一定程度上说明，这一地区的制造业更加依赖国际市场。第二，东亚和太平洋地区的制成品出口全球占比从 2000 年的 26.24%，逐步提高到 2015 年的 33.61%。与这一地区制造业增加值全球占比的大幅提高相比，其制成品出口占比提升幅度相对较小，这表明东亚和太平洋地区的制造业增长对各经济体内部市场的依赖程度更高。当然，如果不计入中国大陆地区制成品出口的全球占比，那么东亚和太平洋

地区其他经济体的制成品出口占比从 2000 年的 22.18% 小幅降低至 2015 年的
19.26%。由此可见，过去十多年里，东亚和太平洋地区制成品出口的全球占比
提高，主要来自于中国大陆制成品出口占全球比重的提高。进一步比较中国大陆
制成品出口的全球占比及其制造业增加值的全球占比变化趋势，可以发现，从
2004 年到 2015 年，中国大陆制成品出口占全球的比重从 6.71% 提高至 14.35%
（增幅为 114%），同期中国大陆制造业增加值占全球的比重则从 8.71% 提高至
26.65%（增幅为 206%）。也就是说，中国大陆的制造业增长有很大一部分是来
自于国内市场的拉动，与欧洲和中亚地区相比，中国大陆制造业增长对外部市场
的依赖程度更低。第三，北美地区制成品出口额占全球的比重在 2000～2015 年
经历了先降低后提高的过程，2000 年，这一比重为 17.26%，此后逐步降低至
2011 年的 10.94%，此为过去十多年里的最低点，然后触底反弹，到 2015 年已
上升至 12.06%。整体而言，北美地区制成品出口额占全球比重要低于其制造业
增加值占全球比重，这表明其制造业增长对外需的依赖程度很低。

对于其他四大地区，2000～2015 年，拉丁美洲和加勒比地区制成品出口额
占全球的比重变化不大，基本在 5.18%～6.25% 波动，相对于其制造业增加值占
全球的比重而言，其制成品出口额占比更低一些，这可能是因为其制成品的国际
市场竞争力不够强；中东和北非地区，以及南亚地区的制成品出口额全球占比都
有较大幅度提高，前者从 2000 年的 4.31% 提高至 2015 年的 5.9%（2013 年最高
达 7.63%），增幅为 37%，同期后者从 0.88% 上升至 2.08%（2013 年最高达
2.17%），增幅达 136%。撒哈拉以南非洲地区制成品出口额的全球占比波动较
大，从 2000 年的 1.34% 下降至 2004 年的 0.98% 之后，曾逐年上升至 2011 年的
2.32%，但此后数年又持续下降，到 2015 年已跌至 1.08%（见图 1－2）。这很
可能是因为，撒哈拉以南非洲地区的制成品出口一方面依赖于农产品收成，而这
又具有较大的不确定性，另一方面也与其持续提高制成品国际市场竞争力的基础
和能力不足有关。

全球制成品进口贸易格局及其变化态势与出口贸易基本一致。2000～2015
年，全球制成品进口市场主要分布在欧洲和中亚地区、东亚和太平洋地区、北美

地区这三大区域,其他四大区域的制成品进口额较低(见图1-3)。尽管在过去十多年里,欧洲和中亚地区、东亚和太平洋地区、北美地区这三大区域制成品进口占全球的比重略有降低,但在2015年依然高达84.14%(2000年为89.27%)。就这三大区域之间的比较而言,尽管欧洲和中亚地区制成品进口的全球占比经历了先上升后下降的过程,从2000年的42.99%上升至2007年的46%,再逐年降低至2015年的37.74%,但依然高居榜首;东亚和太平洋地区制成品进口的全球占比基本呈逐年提升态势,从2000年的22.65%逐步提高至2015年的29.21%;北美地区制成品进口的全球占比在2000~2013年呈逐步降低态势,从2000年的23.62%下降至2013年的15.04%,降幅高达36%,但2014年和2015年又止跌回升,到2015年已升至17.19%。整体看,虽然东亚和太平洋地区的制成品进口占全球的份额在提高,但上升的速度并不快,而且与欧洲和中亚地区相比还有一定差距,而北美地区制成品进口的全球占比近年出现止跌回升势头,因此,这三大区域之间的相对地位短时间内还难以发生改变。

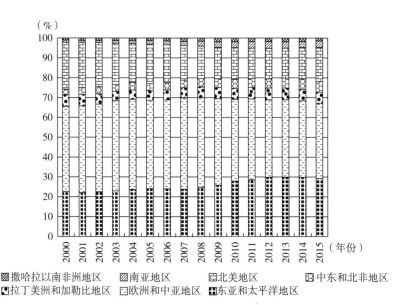

图1-3 全球制成品进口额在七大区域的分布情况

资料来源:世界综合贸易解决方案(WITS)数据库。

在其他四个大区域中，拉丁美洲和加勒比地区制成品进口额全球占比最高，而南亚地区制成品进口额全球占比提升速度最快。具体而言，第一，拉丁美洲和加勒比地区制成品进口额全球占比基本保持稳定，2000～2015年在4.62%～6.09%波动。第二，南亚地区制成品进口额占全球比重从2000年的1.08%逐步提高至2015年的3.26%，增幅高达202%。第三，中东和北非地区制成品进口额全球占比呈稳步提升态势，从2000年的2.87%提高至2015年的5.28%。第四，撒哈拉以南非洲地区的制成品进口额全球占比在1.05%～1.92%波动。

（四）全球制造业的技术结构升级态势不明显

　　虽然制造业产品创新层出不穷，但从大类行业增加值之间的相对比重变化看，全球制造业的技术水平构成不但没有得到明显优化，反而有所"退化"。考虑到数据的可获得性，我们比较了2004年和2012年全球制造业前20强国家[①]的制造业增加值的五大类行业的加权比重[②]。从图1-4可以看到，在2004年，食品、饮料和烟草制造业增加值占比为12.97%，纺织和服装制造业增加值占比为4.42%，机器和运输设备制造业占比为27.66%，化工行业占比为12.12%，其他制造行业占比为42.83%；2012年，这五个大类行业增加值占制造业增加值的比重分别变为13.75%、5.04%、28.85%、12.29%、40.06%。也就是说，除其他制造行业的增加值比重有所下降之外，其他四个大类行业的增加值比重都稍有上升。从四个大类行业增幅看，纺织和服装制造业的增幅最大，达14.3%；其次是食品、饮料和烟草制造业，增幅为6%；再次是机器和运输设备制造业，增幅是4%；最后是化工行业，增幅为1.4%。

----

　　① 按照当年美元价格计算的制造业增加值排序，2004年全球制造业前20强国家是美国、日本、中国、德国、意大利、法国、英国、韩国、西班牙、墨西哥、印度、巴西、俄罗斯、荷兰、瑞士、印度尼西亚、瑞典、土耳其、澳大利亚、比利时；2012年全球制造业前20强国家是中国、美国、日本、德国、韩国、印度、意大利、法国、巴西、俄罗斯、英国、印度尼西亚、墨西哥、加拿大、西班牙、土耳其、瑞士、泰国、澳大利亚、荷兰。在2004年和2012年，前20强国家的制造业增加值之和占全球的比重都超过82%。

　　② 具体计算步骤是：首先，从世界银行的世界发展指数（WDI）数据库中获得每个国家的制造业增加值，以及五个大类行业占制造业增加值的比重；其次，计算出各国五个大类行业的增加值，并将其相加，得到各大类行业的增加值之和；最后，将各大类行业的增加值之和与前20强国家的制造业增加值总额相除，得到各行业的加权比重。

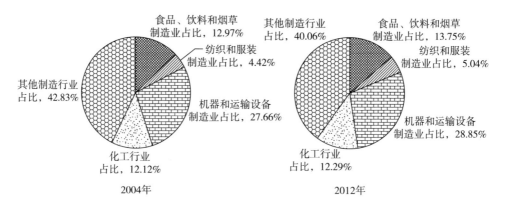

图 1-4　全球制造业的大类行业构成

资料来源: 世界银行 (World Bank)。

按照 Lall (2000)[①] 的分类, 食品、饮料和烟草制造业属于资源型制成品行业 (Resource - Based Manufactures), 纺织和服装制造业属于低技术制成品行业 (Low - Technology Manufactures), 机器和运输设备制造业与化工行业都是中等技术制成品行业 (Medium - Technology Manufactures), 其他制造行业中的办公设备、数据处理设备、通信设备、电视、晶体管、汽轮发电机、发电设备、医药品、航空航天设备、光学仪器、测量仪器、照相机等制成品行业属于高技术制造业 (High - Technology Manufactures)。虽然受数据所限, 我们无法判断其他制造行业中高技术制造业的比重在 2004~2012 年是否有所提高, 但从食品、饮料和烟草制造业以及纺织和服装制造业的占比增幅较大这一点看, 可以说, 全球制造业增加值的技术水平构成不是在优化, 而是有所 "退化"。在世界发展指数 (WDI) 数据库的分类中, "其他制造行业" 除了包括高技术制造业之外, 既被 Lall (2000) 称为资源型制成品的行业 (例如, 橡胶制品、非金属矿物制品等), 又有低技术制成品行业 (比如, 陶瓷制品、家具、塑料制品等), 还有中等技术制成品行业 (例如, 钢铁、有色金属等), 但整体上, 在 "其他制造行业中", 高技术制成品行业和中等技术制成品行业的增加值占主导地位, 其整体的技术水

---

① Lall, Sanjaya. The Technological Structure and Performance of Developing Country Manufactured Exports, 1985 - 1998 [J]. Oxford Development Studies, 2000, 28 (3): 337 - 369.

平要高于食品、饮料和烟草制品业以及纺织和服装制品业。所以，我们可以谨慎地推测，在食品、饮料和烟草制品业以及纺织和服装制品业的增加值大幅提高的背景下，全球制造业的技术水平构成是在"退化"。当然，这里讲的"退化"，是大类行业的相对意义上的，而非绝对意义上的。毕竟，食品、饮料和烟草制品业以及纺织和服装制品业的技术水平也是在不断提高。但是，在一般意义上，产业升级或者产业（技术）结构优化，是指从食品、饮料和烟草制品业以及纺织和服装制品业这些资源型或劳动密集型产业转向资本和技术密集型产业。

全球制造业的技术水平出现"退化"这一现象，可以从两方面来分析：从供给侧看，在新技术革命未能取得显著突破并实现产业化的背景下，高技术制成品行业的产品创新更多是替代现有同类产品的渐进型创新（Incremental Innovation），少见挖掘并满足人类潜在需求的突变型创新（Radical Innovation），并且在高技术制成品行业，由于前一种技术创新的速度很快，从而使相关产品价格快速降低，导致行业增加值难以持续大幅提高。从需求侧看，在 2004～2012 年，美国、日本、欧盟等主要发达经济体的经济增长速度相对较慢，发展中国家的经济增长速度较快，而这些国家居民的收入水平整体上还不够高，其对全球高技术制成品的消费贡献有限，但对食品、饮料和烟草制成品以及纺织和服装制成品的需求则会随着收入水平的提升而增加，从而推动这些行业的增加值占比提升。

（五）全球制造业创业创新环境改善速度放缓

2008 年国际金融危机后，全球制造业发展环境发生了一些重要变化。从经济合作与发展组织（OECD）发布的国别产品市场监管指数（PMR）[①] 看，在全

---

① OECD 的国别产品市场监管（综合）指数（PMR），由三个层级的指标合成。其中，一级指标有 3 个，即政府控制（State Control）、创业障碍（Barriers to Entrepreneurship）、贸易和投资壁垒（Barriers to Trade and Investment），各指标的权重都为 1/3。3 个一级指标下设有 7 个二级指标，二级指标下又设有 18 个三级指标。在 18 个三级指标下，分别设有一系列的问题，由 OECD 的观察员和调查专家组成员针对各问题进行评分，分值的取值范围是 [0，6]；分值越高说明监管越严格。把 18 个三级指标的得分按权重进行加权，得到二级指标的分值；然后再依次加权，分别得到一级指标的分值和（综合）指标的分值。具体参见：Koske, I., et al. The 2013 Update of the OECD's Database on Product Market Regulation：Policy Insights for OECD and non－OECD Countries ［J］. OECD Economics Department Working Papers, 2015（1200）.

球前十大制造业国家①中，1998～2003 年七个 OECD 国家的 PMR 指数值都大幅下降，这意味着在此期间这些国家的产品市场监管在逐步放松；2003～2008 年，美国、日本、英国的 PMR 指数值不降反升，这很可能是因为在国际金融危机的影响下，政府采取了更多的监管措施来干预市场；2008～2013 年，美国的 PMR 指数值没有发生变化，其他六个 OECD 国家的 PMR 指数值略有下降，但下降幅度都小于 1998～2003 年的降幅。然而中国、印度、印度尼西亚这三个非 OECD 国家由于缺乏更长时间段的 PMR 数据，无法判断其变化趋势，但从 2013 年的 PMR 指数值看，均处于较高水平（见表 1－2）。

表 1－2　全球前十大制造业国家的产品市场监管指数（PMR）

国家	1998 年	2003 年	2008 年	2013 年
中国	—	—	3.17	2.86
美国	1.63	1.44	1.59	1.59
日本	2.11	1.37	1.43	1.41
德国	2.23	1.80	1.40	1.28
韩国	2.56	1.95	1.94	1.88
印度	—	—	3.40	3.10
意大利	2.36	1.80	1.51	1.29
法国	2.38	1.77	1.52	1.47
英国	1.32	1.10	1.21	1.08
印度尼西亚	—	—	—	2.85

注：中国、印度只有 2008 年和 2013 年的数据，印度尼西亚只有 2013 年的数据。
资料来源：经济合作与发展组织（OECD）产品市场监管数据库。

Nicoletti 等（2003）②、Amable 等（2010）③ 等研究表明，产品市场监管会对制造业多要素生产率（Multifactor Productivity）产生负面影响，而放松产品市场

① 2016 年，按照以现价美元计价的制造业增加值排序，中国、美国、日本、德国、韩国、印度、意大利、法国、英国、印度尼西亚排在全球前十位。这十个国家的制造业增加值之和占全球的比重超过 75%。

② Giuseppe Nicoletti, Stefano Scarpetta and Philip R. Lane. Regulation, Productivity and Growth: OECD Evidence [J]. Economic Policy, 2003, 18 (36): 9–72.

③ Bruno Amable, Lilas Demmou, Ivan Ledezma. Product Market Regulation, Innovation, and Distance to Frontier [J]. Industrial and Corporate Change, 2010, 19 (1): 117–159.

监管会通过改善公司治理和促进竞争等途径提高制造业的多要素生产率。特别是降低进入壁垒既有利于采用先进适用技术又会增加竞争压力还会促进技术溢出，从而显著提升制造业多要素生产率水平。多要素生产率水平提升既是制造业创新能力提高的结果，又是后续创新的重要支撑。因此，从现有相关研究看，持续放松的产品市场监管是 2008 年之前主要制造业国家产业得以快速发展的重要前提。然而，2008 年之后，受国际金融危机的影响，OECD 国家推进产品市场监管改革的力度有所下降，这无疑会让制造业创业创新变得更加困难。

二、全球制造业未来发展趋势

（一）制造业驱动全球经济增长的作用会进一步强化

如前所述，1997～2016 年，全球制造业增加值占 GDP 总和的比重经历了先下降后上升的过程，但整体看这一比重未来也很难有大幅提高。原因在于：随着经济发展水平的提高，生产的迂回程度也随之上升，这会形成更多的服务环节，从而使整个经济的服务化程度变得越来越高。这体现在全球总产出的部门结构上就是服务业增加值占比会逐步提高。但是，全球经济发展水平提高的背后，本质上是产业技术创新活动变得更加活跃，创新特别是技术创新在经济增长中发挥更加重要的作用。然而制造业是技术创新最重要的发源地和实现平台，因此，可以认为，尽管从统计数据上看，制造业增加值占总产出的比重会出现震荡下行的态势，但如果把全球视为一个整体，制造业在驱动全球经济增长中的作用却会持续增强。利用欧盟的世界投入产出数据库（World Input - Output Database）计算的全球制造业影响力系数的变化情况就说明了这一点。

参考刘起运（2002）[①] 提出的以各产业最终产品占全部最终产品的比例为权重的影响力系数计算方法[②]，我们计算了全球制造业的 2000～2014 年的影响力系数，其变化趋势如图 1–5 所示。从图 1–5 中可以看出，21 世纪以来，尽管全球制造业的影响力系数有起有伏，但其有两个突出的特征：第一，该系数值一直大于 1。这表明在全球经济中，制造业总产出每增加一单位所影响带动其他部门的产出要大于 1。如果把全球经济划分为制造业部门和非制造业部门两大类，制造业影响力系数大于 1，也就是意味着非制造业的影响力系数小于 1。也就是说，当全球制造业影响力系数一直大于 1 时，就表明不管制造业增加值占全球总产出的比重如何变化，它始终都是驱动全球经济增长的产业部门。第二，该系数值存在一定波动。具体而言，2000～2014 年，2001 年、2008 年和 2009 年这三个年份

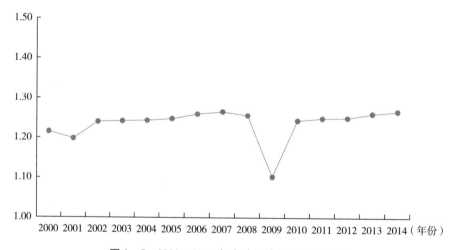

图 1–5 2000～2014 年全球制造业影响力系数

资料来源：根据欧盟世界投入产出数据库（World Input – Output Database）计算得出。

---

① 刘起运. 关于投入产出系数结构分析方法的研究 [J]. 统计研究，2002（2）：40 – 42.

② 沈利生（2010）提出的以不同行业的增加值率为权重的影响力系数计算方法更能体现影响力系数所表达的含义，但该方法要求使用非竞争型投入产出模型，这对于作为一个整体的世界投入—产出表来讲难以实现（显然，在世界投入—产出表数据库中，每个国家的投入—产出表都是非竞争型的）。具体计算方法参见：沈利生. 重新审视传统的影响力系数公式——评影响力系数公式的两个缺陷 [J]. 数量经济技术经济研究，2010（2）：133 – 141.

的系数值相对上一年是下降的，特别是 2009 年有大幅降低，这很可能是因为受国际金融危机的影响，制造业新增投资不足，导致创新活动受到抑制，从而降低了其对非制造业部门的拉动作用。从 2010 年开始，全球制造业影响力系数又恢复上升，到 2014 年已升至 1.267，比国际金融危机之前的最高值（2007 年的 1.266）还高一点。可以认为，随着新一轮工业革命的持续深入推进，制造业驱动全球经济增长的力量将变得更为强劲。

（二）亚洲是驱动全球制造业增长的核心区域

如前所述，2004～2016 年，在制造业生产领域，全球的地区格局已从"三足立鼎"转变为"一核两翼"，东亚和太平洋地区制造业增加值的全球占比已超过欧洲和中亚地区较大幅度。如果把视野放宽到整个亚洲，则会看到，在过去十多年里，亚洲在全球制造业版图中的地位变得更加突出了。图 1-6 给出了亚洲制造业增加值占全球比重在 2004～2016 年的变化趋势。从图 1-6 中可以看到，这一指标值除了 2013 年比 2012 年略有降低之外，其他年份都比上一年有所提高，也就是说持续上升的态势非常明显。到 2016 年，亚洲制造业增加值占全球的比重达 47.57%，与 2004 年的 32.38% 相比，增幅高达 47%。随着劳动力资源丰富的印度等南亚国家和越南等东南亚国家融入全球产业分工体系的进程逐步深化，以及中国、日本、韩国等东亚经济体在全球价值链上的攀升，亚洲制造业的发展前景将会在基础设施互联互通、进出口贸易更加畅通的条件下变得更加光明，在未来较长一段时期亚洲都将是驱动全球制造业增长的核心区域。当然，在亚洲国家内部，尽管南亚、东南亚的制造业增长速度较快，但其在规模上与东亚国家差距很大（见表 1-3），所以，未来较长一段时期内，南亚、东南亚制造业相对于东亚制造业而言都处于从属地位。西亚和中亚的制造业不但规模较小，而且波动较大，这说明它们目前都缺乏稳定增长的基础，将来还需要创造更好的环境将其工业资源优势转变为制成品竞争优势。

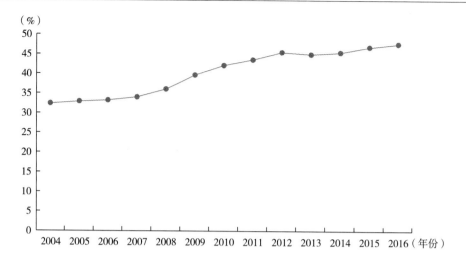

图1-6 2004~2016年亚洲制造业增加值占全球的比重

注：数据不包括中国台湾，以及巴勒斯坦、格鲁吉亚、亚美尼亚、阿塞拜疆、土耳其、塞浦路斯和以色列。朝鲜、乌兹别克斯坦、土库曼斯坦、叙利亚的数据全部缺失，塔吉克斯坦、巴林、科威特的数据部分年份缺失。

资料来源：世界银行。

表1-3 亚洲制造业增加值的内部区域构成 单位：%

地区＼年份	2004	2005	2006	2007	2008	2009	2010	2011	2012	2013	2014	2015	2016
东亚	79.8	79.1	77.4	76.7	77.4	77.7	77.7	78.2	78.6	79.0	79.3	79.6	79.4
东南亚	9.7	9.8	10.8	10.9	10.8	10.3	10.3	10.0	9.7	9.7	9.4	9.1	9.1
南亚	6.2	6.7	7.1	7.8	6.9	7.3	7.3	7.1	6.6	6.5	6.7	7.1	7.4
中亚	0.3	0.3	0.4	0.4	0.5	0.4	0.4	0.4	0.4	0.5	0.4	0.3	0.3
西亚	3.9	4.1	4.3	4.3	4.4	4.4	4.3	4.3	4.6	4.3	4.1	3.8	3.7

注：东亚地区包括中国、中国香港、中国澳门、蒙古、朝鲜、韩国、日本（其中，朝鲜的数据全部缺失），东南亚包括菲律宾、越南、老挝、柬埔寨、缅甸、泰国、马来西亚、文莱、新加坡、印度尼西亚、东帝汶，南亚包括尼泊尔、不丹、孟加拉国、印度、巴基斯坦、斯里兰卡、马尔代夫，中亚包括哈萨克斯坦、吉尔吉斯斯坦、塔吉克斯坦、乌兹别克斯坦、土库曼斯坦（其中，乌兹别克斯坦、土库曼斯坦的数据全部缺失，塔吉克斯坦的数据部分年份缺失），西亚包括阿富汗、伊拉克、伊朗、叙利亚、约旦、黎巴嫩、沙特阿拉伯、巴林、卡塔尔、科威特、阿联酋、阿曼、也门（其中，叙利亚的数据全部缺失，巴林、科威特的数据部分年份缺失）。

资料来源：世界银行。

（三）高技术制成品本地化生产程度提高的趋势很可能会持续

虽然全球制成品贸易的地区结构在过去十多年里基本保持稳定，但从行业的角度看，制成品贸易结构发生了重要变化。其中，全球高技术产品出口额占制成品出口总额的比重近些年持续走低，很可能预示着高技术制成品的本地化生产进程将持续推进。图 1-7 给出了 1989~2016 年全球高技术制成品出口额占制成品出口总额比重的变化趋势。从图 1-7 中可以看出，在 2000 年之前，这一比重基本呈逐年上升态势。2000 年，全球高技术制成品出口额占制成品出口总额的比重达 24.41%，比 1989 年的 18.5% 提高了 5.9 个百分点，增幅超过 30%。但进入 21 世纪之后，这一比重的振荡下行态势非常明显，2016 年已下降到 17.88%，比 1989 年的值还低 0.62 个百分点。在一定程度上，全球高技术制成品出口额占比下降印证了前述"全球制造业的技术结构升级态势不明显"的观点。同时，这也可能是近年来"逆全球化"暗潮涌动的经济基础之一。

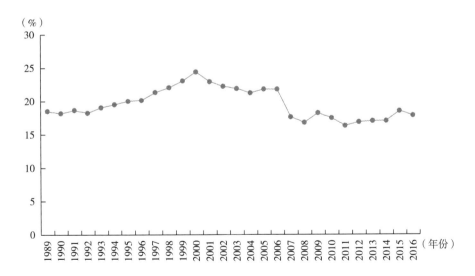

图 1-7 1989~2016 年全球高技术制成品出口额占制成品出口总额比重

资料来源：世界银行。

21 世纪以来高技术制成品本地化生产程度不断提高的背后可能有两个方面的原因：第一，从生产的角度看，随着中国等新兴经济体要素成本的上升，高技术制成品在新兴国家生产的成本优势已经不太明显。根据小岛清（Kiyoshi Kojima）等提出的解释国际直接投资（实际上就是国际生产分工）现象的比较优势理论，这时发达国家就会逐渐选择在本国生产高技术制成品，而发达国家又是高技术制成品的主要消费市场。因此，全球高技术制成品生产体系对不同地区生产要素相对价格变化的调整和适应，导致高技术制成品本地化生产程度提高，其出口额占制成品出口总额的比重自然就会下降。随着新工业革命的深入推进，数字化、智能化、网络化生产技术和设备的广泛应用，将会使制造业的生产活动对普通劳动力的依赖变得越来越小，从而使劳动力成本在高技术制成品生产体系中的作用弱化，这很可能会使高技术制成品的本地化生产程度持续提高。第二，从技术的角度看，按照雷蒙德·弗农（Raymond Vernon）提出的解释国际直接投资的产品生命周期理论，在产品创新阶段，跨国公司更倾向于在有利于创新活动开展的国家内部生产，而不倾向于以国际直接投资的方式到生产成本更低的国外生产。也就是说，如果 21 世纪以来高技术制成品领域（特别是非模块化复杂产品领域）出现了更多处于创新阶段的新产品，那么这些产品的本地化生产就可能会导致全球高技术制成品出口额占比下降。因此，在这些新产品进入成熟阶段和标准化阶段之前，以及在这些产品进入成熟阶段和标准化阶段后，如果又出现了更多的创新阶段的产品，那么高技术制成品出口额占全球制成品总额的比重降低的态势就会持续。

（四）全球制造业服务化进程将会持续推进

随着全球制造业生产分工体系的不断拓展，全球生产网络变得越来越复杂。在此背景下，服务业尤其是知识密集型服务业（例如，金融服务、信息服务、研发及其他商务服务等）对制造业的贡献越来越大。作为经济结构服务化的一个重要表现，制造业服务化近些年已走出国际金融危机后的低谷，重新步入持续上升通道。以 OECD – WTO 的贸易增加值数据库（OECD – WTO Trade in Value –

Added Database）为基础，我们计算了全球制成品贸易出口额中的服务投入强度①。图1-8给出了2000～2011年制造业服务投入强度的变化趋势。从图1-8中可以看出，2000～2007年，全球制造业的服务投入强度逐年提高，并且与2000年的20.1%相比，2007年的23.1%提高了3个百分点。受国际金融危机的影响，2008年和2009年，全球制造业的服务强度连续两年降低，到2009年已跌至21.2%。这背后最主要的一个原因就是，受国际金融危机影响，金融机构为制造业企业提供的服务急剧下降。不过，从2010年开始，全球制造业的服务强度止跌回升，到2011年已提高至22.9%，距离国际金融危机前的最高水平仅相差0.2个百分点。可以预见，在外部环境基本稳定的条件下，以下三方面的因素将促使全球制造业服务化水平在未来一段时期持续提升：首先，从生产的角度看，随着新工业革命的深入推进，数字化、智能化、网络化制造将会使生产过程变得越来越标准化，从而不断降低分工的难度，持续提高生产的迂回性，这将孕育出

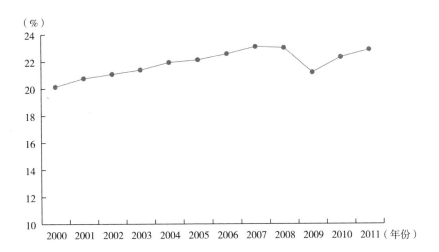

图1-8　2000～2011年全球制成品出口中的服务投入强度

资料来源：OECD-WTO的贸易增加值数据库。

①　服务投入强度（Service Intensity of Manufacturing），是指单位制造业出口额中，各服务业部门为其提供的中间服务的增加值。参见：Low，Patrick，and Gloria O. Pasadilla. Services in Global ValueChains：Manufacturing-Related Services［M］. Singapore：World Scientific，2016.

新的服务活动，促使制造业的服务投入强度提高；其次，从创新的角度看，在新的技术经济范式形成过程中，会对新产品形成大量需求，这将激励各类企业加大研发投入，也会提高制造业的服务投入强度；最后，从融资的角度看，新产品的研发和产业化都面临很大的不确定性，单纯依赖企业内部资金的支持可能存在较大困难，因此需要金融机构为其提供综合金融服务，在新产品研发和产业化初始阶段这是最主要的服务投入。

第二章 安徽省产业发展现状及其比较

明确现阶段产业发展的现实基础，是研究安徽省产业发展的出发点与立足点。目前，安徽省产业发展取得了长足发展，产业结构不断优化升级；与相邻省份相比较而言，安徽省的产业在发展的过程中形成了自身的优势和特点，但发展水平与先进省市仍存在一定差距；在国内外发展新形势下，大力发展战略性新兴产业将是安徽省产业发展的方向和趋势。

一、安徽省产业发展现状

产业结构决定着经济结构，其在国民经济发展中处于主导地位，产业结构的变迁对经济发展具有举足轻重的影响。自改革开放以来，安徽省产业结构发生了显著变化：产业结构整体不断趋于合理化和高级化；传统农业地位稳固，林牧渔业也发展快速；工业的国民经济主导地位有所减弱，高端制造业发展缓慢；先进新兴服务业崛起，经济带动作用逐渐加强。

（一）产业结构整体不断趋于合理化和高级化

1. 第二产业始终处于国民经济的主导地位，第二、第三产业占地区生产总值比重此消彼长，第一产业占比趋于下降

2009~2017年，安徽省地区生产总值不断攀升，由10063亿元增至27018亿元，增加了16955亿元，年均增速约为13%。自2009年以来，全省三次产业增加值也随之不断增加，第一、第二、第三产业增加值分别由1495亿元、4905亿元、3662亿元增加至2582亿元、12838亿元、11597亿元，分别增加了1086亿元、7933亿元、7935亿元，年均增速分别约为10.4%、20.2%、27.1%（见图2-1）。

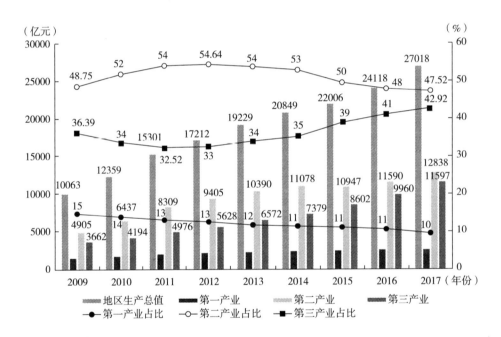

图2-1 2009~2017年安徽省地区生产总值及三次产业增加值情况

资料来源：《安徽省统计年鉴（2010~2018年）》。

近年来，安徽省三次产业在地区生产总值中的比例关系总体上较为稳定，产业结构表现为"二三一"特征，虽然第二、第三产业呈现出"剪刀式"对称消长态势，但第二产业在国民经济中持续占据主导地位，第三产业其次，第一产业

占比持续下滑，但下降速度明显放缓。2009～2010年，第一产业占地区生产总值的比重持续下降，由14.86%下降至9.56%，下降幅度为5.3个百分点；第二产业占地区生产总值比重先上升后下降，先由2009年的48.75%增长至2012年的54.64%，增长了5.89个百分点，随后又回落至2017年的47.52%，下降幅度为7.12个百分点；第三产业占地区生产总值的比重先下降后上升，先由2009年的36.39%下降至2011年的32.52%，下降幅度为3.87个百分点，随后又一路上升至42.92%，上升幅度为10.4个百分点（见图2-1）。

2. 社会劳动力逐渐从第一产业转移至第二、第三产业，第三产业成为吸纳就业的绝对主力军产业

2009～2017年，安徽省年末总就业人口持续增加，由4001万人增至4378万人，增加了377万人，年均增速为1.1%；第一产业年末从业人数总量不断下降，由1579.6万人下降至1363.3万人，下降了216.3万人，年均增速约为-1.8%；第二、第三产业年末就业总人口数量分别由996万人、1425.9万人增长至1259.5万人、1755.1万人，分别增加了263.5万人、329.2万人，年均增长速度分别约为3.4%和2.6%（见图2-2）。

近年来，安徽省三次产业就业人口占总就业总量的比例关系发生了显著变化，劳动力产业分布结构呈现出由"一三二"向"三一二"演变趋势，全省劳动力不断从第一产业转移至第二、第三产业；第一产业的吸纳就业主力军地位让位于第三产业，第一产业就业人数呈现出持续下降的趋势，而第二、第三产业就业人数呈现出上升趋势；第一、第二、第三产业就业人数在总就业人数中的占比变化与各自在地区生产总值中占比演变趋势相近，这说明了安徽省产业结构由以资源和劳动密集型为主的产业结构向以资本与技术密集型为主的产业结构进行变迁。2009～2017年，安徽省第一产业年末就业人口占总就业人口的比重由39%下降至31%，降幅为8个百分点，是下降幅度最大的产业，第二、第三产业年末就业人口占总就业人口数量的比重分别由25%、36%上升至29%、40%，各自增加了4个百分点（见图2-2）。

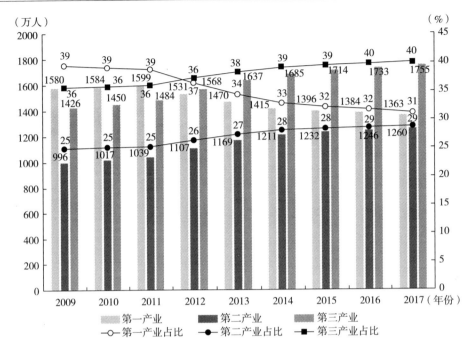

图 2 - 2　2009～2017 年安徽省三次产业年末就业人口及其占比情况

资料来源:《安徽省统计年鉴（2010～2018 年）》。

3. 三次产业全员生产率均有不同程度的提高，其中第二产业的全员生产率不仅最高而且增幅也最大，第三产业的全员生产率增速最快；各产业之间的全员生产率差距不断扩大，二元性经济结构特征越发明显

随着新一轮科技革命和产业革命的悄然兴起，不同产业劳动生产率得到大幅度提升。近年来，安徽省第一、第二、第三产业全员生产率水平不断提升，其中第二产业的增幅最大而最高，第三产业的增长速度最快，这也就意味着全省三大产业间的全员生产率的差距呈现扩大趋势。2009～2017 年，安徽省第一产业的全员生产率增加幅度最小，由 9467 元/人增长至 18941 元/人，增长了 9474 元/人，增加了大约 2 倍，年均增速为 9.1%；第二产业的全员生产率变化幅度虽有较小波动，但整体呈现上升趋势，且增长的幅度较大，由 49249 元/人增至 101932 元/人，增长了 52683 元/人，增长了 2.1 倍，年均增速为 9.5%；第三产

业全员生产率一路上升，由 25683 元/人增长 66079 元/人，增幅为 40396 元/人，增长了 2.6 倍，年均增速为 12.5%。2009 年安徽省第一、第二、第三产业的全员生产率之比为 1:5.2:2.7，到 2017 年三者之间的全员生产率扩大到 1:5.4:3.5；由此可见，第二产业的全员生产率始终高于第一、第三产业，第三产业的高于第一产业，第一产业与第二、第三产业的差距越来越大，第二产业与第三产业的差距不断缩小（见图 2 - 3）。

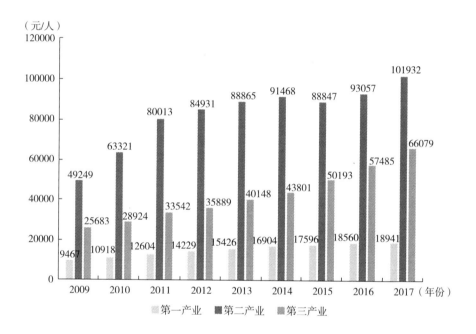

图 2 - 3　2009～2017 年安徽省三次产业全员生产率情况

资料来源：《安徽省统计年鉴（2010～2018 年）》。

4. 第二产业对经济增长的带动作用不断减弱，第三产业的带动作用不断显现并有成为带动经济增长的主要力量的演化趋势，第一产业带动作用最弱

自 2009 年以来，安徽省三次产业对经济增长的贡献率与拉动率变化趋势具有相同的趋势，第一产业对经济增长的带动作用不强，且较为稳定，第二产业和第三产业对经济增长的带动作用呈现出"剪刀差式"的此消彼长的演变趋势，

第二产业对经济增长的贡献率和拉动率持续下滑，带动经济增长的第一驱动力地位逐渐丧失，第三产业对经济增长点的带动作用持续攀升，成为经济增长的"压舱石"。安徽省第一产业对经济增长的贡献率和拉动率在 2009 年分别为 5.57%、0.72%，到 2017 年变为 4.85%、0.41%，贡献率变动不到 1 个百分点，拉动率下降 0.31 个百分点；2009～2017 年；第二产业对经济增长的贡献率和拉动率呈现出先上升后下降再上升的变化趋势，但整体上处于下降趋势，分别由 2009 年的 62.19% 和 8.05% 下降至 48.54% 和 4.11%，分别降低了 13.65 个百分点和 3.94 个百分点；第三产业对经济增长的带动作用呈现先下降后上升再下降的趋势，但整体处于上升趋势，分别由 2009 年的 32.24% 和 4.19% 上升至 2016 年的 50.78% 和 4.41%，分别增长了 18.54 个百分点和 0.24 个百分点，2017 年拉动率虽有所下降但降幅不大，由 4.41% 下降至 3.94%（见图 2-4、图 2-5）。

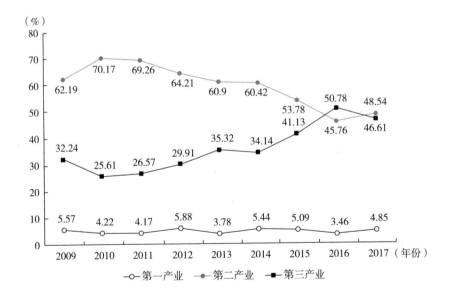

图 2-4　2009～2017 年安徽省三次产业对经济增长的贡献率情况

资料来源：《安徽省统计年鉴（2010～2018 年）》。

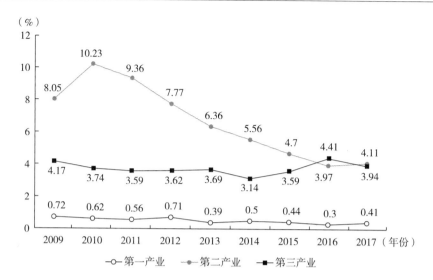

图 2 – 5 2009 ~ 2017 年安徽省三次产业对经济增长的拉动率情况

资料来源:《安徽省统计年鉴 (2010 ~ 2018 年)》。

5. 安徽省产业结构合理化与高级化测算

产业结构升级体现在合理化和高级化两个维度 (干春晖, 2011)。本书借鉴现有的研究方法,利用产业结构偏离度 (E) 和泰勒指数 (TL) 来衡量产业结构的合理化,利用非农业增加值与农业增加值 (NA) 和第三产业增加值与第二产业增加值之比 (TS) 刻画产业结构的高级化。

产业结构偏离度 (E) 和泰勒指数 (TL) 构建方法分别如式 (2 – 1)、式 (2 – 2) 所示:

$$E = \sum_{i=1}^{n} \left| \frac{Y_i / L_i}{Y / L} - 1 \right| \qquad (2-1)$$

$$TL = \sum_{i=1}^{n} \left(\frac{Y_i}{Y} \right) \ln \left(\frac{Y_i}{L_i} \Big/ \frac{Y}{L} \right) \qquad (2-2)$$

式 (2 – 1)、式 (2 – 2) 中, Y 与 L 分别为总增加值和总就业人数, Y_i 与 L_i 分别为 i 产业增加值和就业人数, n 为产业部门数量。

产业结构偏离度 (E) 公式原理为,当经济处于均衡状态时,各产业部门生产率相等,即 $Y_i / L_i = Y / L$,此时 E 为 0,表示产业结构最为合理;而当 E 值越大时，则表示产业结构越不合理。泰勒指数(TL)公式原理是在考虑了产业相对重要性的产业结构合理度，即当 TL 为 0 时，产业结构正好处于经济均衡时的合理状态；TL 偏离零越大时，则产业结构越不合理。非农业增加值与农业增加值（NA）、第三产业增加值与第二产业增加值之比（TS）这两个指标越大，表明产业越倾向于工业化和服务业化，即产业结构越高级。

本书基于上述指标体系，采用《安徽省统计年鉴（2010～2018 年)》数据，测算得出安徽省产业结构合理化和高级化变迁趋势。安徽省产业结构升级变迁趋势情况如图 2-6 所示。就产业结构合理化而言，自 1978 年以来，安徽省产业结构偏离度（E）与泰勒指数（TS）的演变趋势相一致，不断下降并趋于零。其原因是在改革开放之前，在优先发展重工业的计划经济体制下要素配置的扭曲导致了各个生产产业部门生产效率分化严重，产业结构极其不合理；而改革开放后，安徽省通过市场化改革实现了要素由生产效率低的产业向效率高的产业自由流动，使各个产业的生产效率差异不断缩小，促进了产业结构的合理化。就产业结构高级化而言，安徽省的非农产业增加值占农业增加值比例（NA）和第三产业与第二产业之比两个指标均呈现出快速上升趋势。

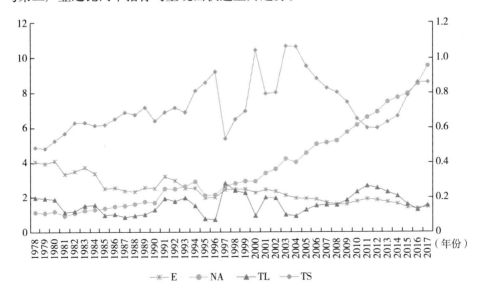

图 2-6 1978～2017 年安徽省产业结构升级变迁趋势情况

资料来源：《安徽省统计年鉴（2010～2018 年)》。

上述测算结果表明了安徽省产业结构由以农业为主到以工业为主并逐渐向以服务业为主转变，产业结构不断趋于高级化。改革开放以后，安徽省根据要素禀赋结构选择了符合自身比较优势的产业，积累了大量的资本，由农业大省发展成为制造业大省；随着工业化不断推进和刘易斯拐点的到来，安徽省经济增长动力正由要素驱动向创新驱动转变，这将促使安徽省向工业和服务业强省转变。

（二）传统农业地位稳固，林牧渔业发展快速

1. 传统农业在第一产业中的占比不断下降，林业、牧业和渔业占比不断上升

近年来，安徽省农业、林业、牧业及渔业增加值均有所提高，但各自增长具有明显差异性，传统农业增加值增长幅度最大，林业增加值增长幅度最小但增长速度最快，牧业增加值增长速度最为缓慢但增幅较大。2009～2017年，安徽省农业增加值由804亿元增长至1422亿元，增加了618亿元，名义年均增速约为7.4%；林业增加值由78亿元增加至221亿元，增加了143亿元，名义年均增速约为13.9%；牧业增加值由397亿元增加至624亿元，增加了227亿元，名义年均增速为5.8%；渔业增加值由167亿元增长到346亿元，增加了179亿元，名义年均增长速度约为9.5%（见图2－7）。

2. 安徽省的传统农业在第一产业中的比重有所下降，但作为农业大省，传统农业仍然在第一产业内部占据绝对主导地位

2000～2017年，安徽省农业占第一产业的比重由59%下降至54%，下降了5个百分点，但经过近20年的变迁，传统农业占比仍然过半，农业的基础地位依然牢固。随着居民收入水平的提升，居民饮食需求的升级，肉、蛋、奶、水产品的市场需求不断增加，牧业、渔业得到快速发展。2000～2017年，安徽省牧业占第一产业的比重由22%上升至24%，上升了2个百分点，渔业占第一产业的比重由12%上升至13%，上升了1个百分点。得益于环境保护力度的加大，绿水青山也是金山银山、绿色发展优先的发展理念深入人心，人民对优美环境的需求日益增加，森林覆盖面积不断扩大，使林业占第一产业的比重有所上升。2000～2017年，安徽省林业占第一产业的比重由7%上升至8%，增加了1个百

分点（见表2-1）。

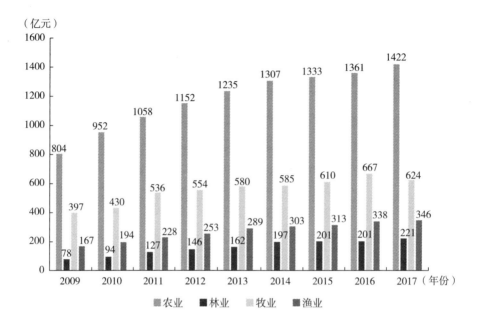

图 2-7　2009~2017 年安徽省农业、林业、牧业、渔业增加值情况

资料来源：《中国农村统计年鉴（2001~2018 年）》。

表 2-1　2000~2017 年安徽省农业、林业、牧业及渔业占比情况

年份	农业（%）	林业（%）	牧业（%）	渔业（%）
2000	59	7	22	12
2001	58	7	23	12
2002	57	7	24	12
2003	52	7	29	12
2004	56	6	28	11
2005	53	6	29	12
2006	58	6	24	12
2007	56	6	27	11
2008	54	6	29	11
2009	56	5	27	12

续表

年份	农业（%）	林业（%）	牧业（%）	渔业（%）
2010	57	6	26	12
2011	54	7	28	12
2012	55	7	26	12
2013	54	7	26	13
2014	55	8	24	13
2015	54	8	25	13
2016	53	8	26	13
2017	54	8	24	13

资料来源：《中国农村统计年鉴（2001～2018年）》。

（三）工业的主导地位有所减弱，高端制造业发展迅速

1. 工业仍是安徽经济的支柱产业，总量持续攀升，但增速有所放缓，不仅在 GDP 中的比重不断下降，而且对经济增长的带动作用趋于减弱

工业的发展水平决定着经济发展质量，安徽省的工业在国民经济中占据重要位置。2009 年全省的工业增加值为 4065 亿元，占地区生产总值的 40%，到 2017 年的工业增加值上升至 10916 亿元，增加了 6851 亿元，是 2009 年的 2.7 倍，年均实际增速为 13.1%，占地区生产总值的 40%。但是近年来，安徽省的工业增加值在国民经济中的比重呈现出先上升后下降的趋势。2009～2012 年，安徽省工业增加值占 GDP 的比重持续攀升，由 40% 增至 47%，增加了 7 个百分点，年均实际增速 5.5%，但自 2012 年开始工业增加值在国民经济中的比重持续下降，降至 2017 年的 40%，与 2009 年的持平，年均实际增速也明显放缓，为 -3.2%，下降了 9 个百分点（见图 2 - 8）。

2. 长期以来，工业的发展对整个经济增长起着主要的支持作用，对国民经济的贡献率和拉动率在所有产业中占据首位，但近年来工业对经济增长促进作用不断下降

2009～2017 年，安徽省工业对经济增长的贡献率和拉动率均呈现出先上升后下降的趋势，贡献率由 2009 年的 54.46% 上升至 2011 年的 63.47%，拉动率由

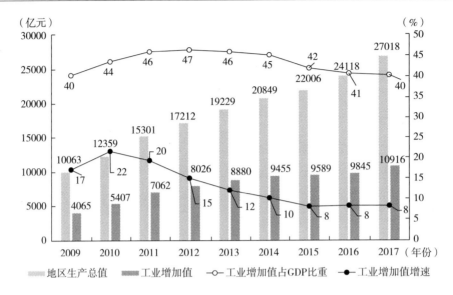

图 2 - 8　2009～2017 年安徽省地区生产总值、工业增加值及其增速与占 GDP 比重情况

资料来源：《安徽统计年鉴（2001～2018 年）》。

2009 年的 7.05% 上升至 2010 年的 9.22%，分别上升了 9.01 个百分点、2.17 个百分点，然后由最高值一路下降，分别降至 2017 年的 42.62%、3.6%，贡献率比 2011 年下降了 20.85 个百分点，拉动率比 2010 年下降了 5.62 个百分点，下降幅度较大（见表 2 - 2）。

表 2 - 2　2009～2017 年安徽省工业对经济增长的贡献率和拉动率

年份	贡献率（%）	拉动率（%）
2009	54.46	7.05
2010	63.19	9.22
2011	63.47	8.58
2012	58.2	7.04
2013	56.19	5.87
2014	54.73	5.03
2015	46.5	4.06
2016	41.21	3.58
2017	42.62	3.6

资料来源：《安徽省统计年鉴（2010～2018 年）》。

3. 工业与建筑业在第二产业中的比例关系较为稳定，工业在第二产业中的绝对地位依然存在

长期以来，安徽省的工业是第二产业中的主体产业，建筑业占比较小，两者在第二产业中比例关系变化不大。近年来，安徽省第二产业中的工业和建筑业增加值不断攀升，工业增加值增长幅度较大，建筑业增长速度较快。2009 年工业和建筑业增加值分别为 4065 亿元、841 亿元，到 2017 年增加到 10916 亿元、2570 亿元，分别增加了 6851 亿元、1729 亿元，名义年均增速分别为 13%、15%。工业和建筑业在第二产业中的比重关系相对稳定，工业处于主体地位，建筑业处于附属地位。2009 年工业和建筑业增加值在第二产业的比重分别为 83% 和 17%，到 2017 年时两者比重分别为 81% 和 19%，8 年内仅变动了两个百分点（见图 2 - 9）。

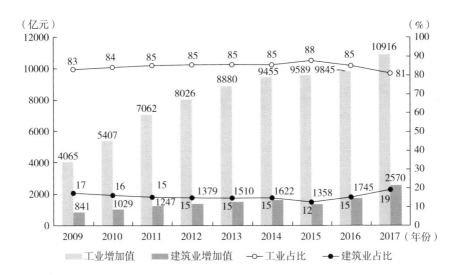

图 2 - 9 2009～2017 年安徽省工业、建筑业在第二产业中的比例关系情况

资料来源：《安徽省统计年鉴（2009～2017 年）》。

虽然工业与建筑业在第二产业中比重关系变化不大，但近期以来工业与建筑业比例关系出现了新的发展趋势，即工业占比不断趋于下降、建筑业占比逐渐上升。自 2015 年以来，工业占第二产业的比重由最高值 88% 一路下降至 2017 年的

最低值81%，建筑业占比则由最低值12%上升至19%，分别下降和上升了7个百分点。这可以反映出，一方面随着金融危机带来的经济增长持续探底和劳动力成本上升，工业生产的低成本比较优势逐渐丧失，利润率不断被压缩，工业发展呈现萎缩趋势；另一方面随着城镇化进程的不断推进，农村劳动力不断被释放出来，并转移至城市中，对城市住房用房需求不断增加。这两方面的原因使社会生产性资源不断从工业生产领域转移出来，投入到建筑行业中，最终导致工业在第二产业中的比重不断下滑，建筑业的占比不断攀升（见图2-9）。

4. 制造业在工业中的占比平稳上升，主体地位不断凸显，工业三大组成部分采矿业，制造业，电力、燃气及水的生产和供应业增速持续放缓，制造业是工业发展的最主要的推动力

近年来，安徽省工业三大组成部分采矿业，制造业，电力、燃气及水的生产和供应业规模变迁趋势相差甚远，采矿业增加值规模先后经历上升和下降变迁过程，增长幅度和速度最小，制造业增加值规模持续攀升，增长幅度和速度最大，电力、燃气及水的生产与供应业增加值规模变化不大。安徽省采矿业企业增加值先由2009年的567亿元增加到2012年的最大值890亿元（增长了323亿元）后，一路又回落至2016年的573亿元（下降了317亿元），名义增速持续下滑，由2010年的34%下降至2016年的-2%（下降了36个百分点），名义年均增速为-37.6%；2009~2017年，制造业企业增加值由2592亿元持续攀升至7525亿元，增加了4933亿元，增长了近3倍，名义增速下降迅速，由2012年的36%下降至2016年的1%（下降了35个百分点），名义年均增速为-59.2%；电力、燃气及水的生产和供应业企业增加值由2009年的318亿元增长至2016年的544亿元，增长了226亿元，名义增速由2012年的12%下降至2016年的-2%（下降了14个百分点），名义年均增速为-36.1%。由此可见，安徽省近年来工业规模持续攀升主要是由制造业的快速发展所推动的（见图2-10）。

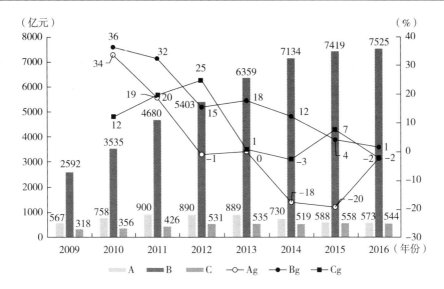

图 2 - 10　2009 ~ 2016 年安徽省工业企业增加值及其增速情况

注：A 为采矿业企业增加值，B 为制造业企业增加值，C 为电力、燃气及水的生产和供应业企业增加值，Ag 为采矿业企业增加值名义增速，Bg 为制造业企业增加值名义增速，Cg 为电力、燃气及水的生产和供应业企业增加值名义增速。

资料来源：万得数据库（Wind）。

5. 采矿业，制造业，电力、燃气及水的生产和供应业在工业中的比例关系变化明显，制造业比重持续上升，在工业中的主体地位持续稳固，采矿业与电力、燃气及水的生产和供应业份额不断减少

2009 ~ 2016 年，安徽省采矿业企业增加值在工业增加值中的比重由最高值 16% 一路下降至最低值 7%，下降了 9 个百分点，下降幅度在三个产业中最大；制造业企业增加值在工业中的比重不断上升，由最低值 75% 一路上升至最高值 87%，上升了 12 个百分点，是在三个工业组成部门中比重上升幅度最大的产业部门；电力、燃气及水的生产和供应业企业增加值在工业中的比例也趋于下降，由 9% 下降至 6%，下降了 3 个百分点（见图 2 - 11）。

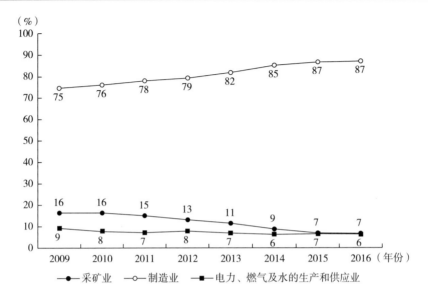

图 2 - 11　2009 ~ 2016 年安徽省工业企业增加值在工业中的占比情况

资料来源：万得数据库（Wind）。

6. 制造业内部结构由传统的资源密集型和劳动密集型向高端装备制造、信息通信设备等资本技术密集型调整

各种门类制造业规模不断扩大，但增速有所放缓。本书搜集了制造业 25 个门类行业企业增加值数据（见表 2 - 3）。从表 2 - 3 中可以看出，不同的制造业门类规模总量均有所上升，名义年均增速相对较快。为了能够了解制造业内部不同类型的行业的情况，将制造业内部 25 个门类行业根据要素密集度进行分门别类，划分为资源与劳动密集型制造业和资本技术密集型制造业①。从总量上来看，2009 ~ 2016 年，安徽省劳动与资源密集型制造业企业工业增加值不断攀升，

---

① 根据有关理论研究结论，本书将农副食品加工业，食品制造业，饮料制造业，烟草制品业，纺织业，纺织服装、鞋、帽制造业，皮革、毛皮、羽毛（绒）及其制品业，木材加工及木、竹、藤、棕、草制品业，家具制造业，造纸及纸制品业，印刷业和记录媒介的复制，文教体育用品制造业，石油加工、炼焦及核燃料加工业，化学原料及化学制品制造业，医药制造业，化学纤维制造业，非金属矿物制品业，黑色金属冶炼及压延加工业，有色金属冶炼及压延加工业，金属制品业，废弃资源和废旧材料回收加工业划分为资源与劳动密集型制造业；将通用设备制造业，专用设备制造业，电气机械及器材制造业，通信设备、计算机及其他电子设备制造业划分为资本与技术密集型制造业。

由 1874 亿元增加至 4927 亿元，增加了 3053 亿元，增长了 2.6 倍；劳动与资源密集型制造业规模持续增加，由 718 亿元增至 2598 亿元，增加了 1880 亿元，增长了 3.6 倍。虽然两者的规模在不断扩大，但是增长的速度大幅度放缓，劳动与资源密集型、资本与技术密集型制造业企业工业增加值名义增速分别由 2010 年的 35.4%、38.9% 下降至 2016 年的 −0.1%、4.4%，分别下降了 35.5 个百分点和 34.5 百分点（见图 2 − 12）。

表 2 − 3　2009 ~ 2016 年安徽省制造业各部门企业增加值情况

年份	2009	2010	2011	2012	2013	2014	2015	2016	增速（%）
农副食品加工业（亿元）	189	238	291	354	434	487	496	472	14
食品制造业（亿元）	42	58	79	99	123	137	150	159	21
饮料制造业（亿元）	87	109	143	188	193	207	225	235	15
烟草制品业（亿元）	147	177	206	235	260	285	281	233	7
纺织业（亿元）	97	124	160	170	196	214	222	216	12
纺织服装、鞋、帽制造业（亿元）	49	77	114	149	193	234	261	255	27
皮革、毛皮、羽毛（绒）及其制品业（亿元）	27	40	59	73	80	91	93	99	20
木材加工及木、竹、藤、棕、草制品业（亿元）	45	61	78	91	118	135	140	131	16
家具制造业（亿元）	11	20	30	38	53	69	80	87	34
造纸及纸制品业（亿元）	40	45	56	60	60	69	74	74	9
印刷业和记录媒介的复制（亿元）	—	32	46	63	95	103	112	113	23
文教体育用品制造业（亿元）	10	15	20	58	82	104	116	113	41
石油加工、炼焦及核燃料加工业（亿元）	55	69	45	42	64	105	107	135	14
化学原料及化学制品制造业（亿元）	224	299	379	397	481	519	538	565	14
医药制造业（亿元）	55	66	96	120	144	176	200	213	21
化学纤维制造业（亿元）	7	13	16	14	17	21	23	25	20
非金属矿物制品业（亿元）	193	281	448	470	547	638	635	632	19

年份	2009	2010	2011	2012	2013	2014	2015	2016	增速（%）
黑色金属冶炼及压延加工业（亿元）	305	373	379	432	462	495	395	352	2
有色金属冶炼及压延加工业（亿元）	173	270	333	312	353	379	388	409	13
金属制品业（亿元）	104	126	190	241	278	287	290	301	16
通用设备制造业（亿元）	173	261	345	369	441	475	530	514	17
专用设备制造业（亿元）	108	152	201	261	308	341	368	388	20
电气机械及器材制造业（亿元）	378	494	737	854	969	1030	1087	1132	17
通信设备、计算机及其他电子设备制造业（亿元）	59	90	168	228	299	432	504	564	38
废弃资源和废旧材料回收加工业（亿元）	12	45	58	83	110	103	103	106	37

资料来源：万得数据库（Wind）。

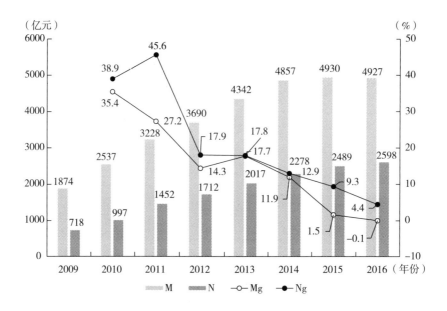

图 2-12 2009~2016 年安徽省劳动与资源密集型、
资本与技术密集型制造业企业增加值情况

注：M 为劳动与资源密集型制造业企业增加值，N 为劳动与资源密集型制造业企业增加值，Mg 为劳动与资源密集型制造业企业增加值名义增速，Ng 为资本与技术密集型制造业企业增加值名义增速。

资料来源：万得数据库（Wind）。

7. 虽然资源与劳动密集型制造业仍然是安徽省制造业的主要组成部分，但是随着制造业分工格局的不断变化以及制造业转型升级的内在需要，全省制造业正在由产业链下游向中上游转移，资本与技术密集型制造业在制造业中比重不断攀升

2009~2016 年，安徽省资源与劳动密集型制造业企业增加值占全省制造业企业增加值的比重由 72.3% 下降至 65.5%，资本与技术密集型制造业企业增加值占比由 27.7% 增加至 34.5%，分别下降和上升了 6.8 个百分点（见图 2–13）。

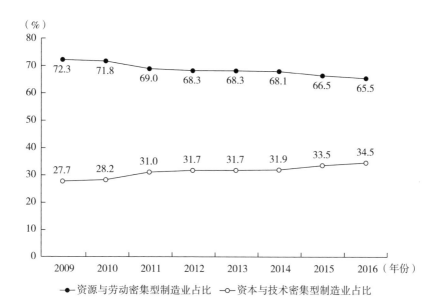

图 2–13 2009~2016 年安徽省劳动与资源密集型、资本与
技术密集型制造业企业增加值占比

资料来源：万得数据库（Wind）。

（四）新兴服务业崛起，经济带动作用加强

1. 批发零售、交通运输等传统服务业占比下降，金融、房地产业快速崛起，软件和信息技术等新兴服务业占比上升

安徽省第三产业中的各部门的规模不断增大，新兴服务业、公共服务业和金

融与房地产业规模扩张迅速。2009～2017年，安徽省第三产业中的14个门类增加值变化如表2－4所示。同样，本书根据服务类型，将第三产业不同部门划分为传统服务业、新兴服务业、公共服务业、金融与房地产业四种①，据此来分析第三产业内部结构变迁情况。2009～2017年，安徽省批发零售、交通运输等传统服务业增加值由1360亿元增长至3287亿元，增加了1927亿元，增速有所放缓，由2010年的17%下降至2017年的7%，下降了10个百分点；信息传输、软件和信息技术等新兴服务增加值一路攀升，由445亿元增长至1963亿元，增加了1518亿元，且增速有所上升，由2010年的20%上升至2016年的25%，增长了5个百分点；公共服务业由999亿元增长至3149亿元，增长了2150亿元，增速也不断提高，由2010年的14%上升至2017年的21%，增加了7个百分点；金融与房地产业规模增长幅度最大，由858亿元增长至3055亿元，增长了2197亿元，同样增长速度提升也最大，由2010年的8%增长至2016年的19%，提高了11个百分点（见图2－14）。

表2－4　2009～2017年安徽省第三产业各部门增加值情况

年份	2009	2010	2011	2012	2013	2014	2015	2016	2017	增速（%）
批发和零售业（亿元）	468	527	590	650	1375	1500	1641	1776	1911	19
交通运输、仓储和邮政业（亿元）	159	180	194	191	730	784	792	827	875	24
住宿和餐饮业（亿元）	733	888	1051	1224	315	348	418	458	501	－5
信息传输、软件和信息技术服务业（亿元）	157	194	253	269	202	215	332	403	511	16
金融业（亿元）	360	396	504	618	913	1047	1242	1447	1664	21
房地产业（亿元）	498	532	635	666	712	807	870	1124	1391	14

---

① 根据有关理论研究结论，本书将批发和零售业，交通运输、仓储和邮政业，住宿和餐饮业划分为传统服务业；将信息传输、软件和信息技术服务业，科学研究和技术服务业，租赁和商务服务业划分为新兴服务业；将水利、环境和公共设施管理业，居民服务、修理和其他服务业，教育，卫生和社会工作，文化、体育和娱乐业，公共管理、社会保障和社会组织划分为公共服务业；金融业，房地产业划分为金融与房地产业。

续表

年份	2009	2010	2011	2012	2013	2014	2015	2016	2017	增速（%）
租赁和商务服务业（亿元）	200	245	285	352	431	533	832	970	1169	25
科学研究和技术服务业（亿元）	88	95	117	133	136	153	144	201	283	16
水利、环境和公共设施管理业（亿元）	58	72	98	107	112	121	120	148	168	14
居民服务、修理和其他服务业（亿元）	104	109	137	166	218	262	378	462	603	25
教育（亿元）	311	337	382	413	390	434	510	615	764	12
卫生和社会工作（亿元）	137	155	205	247	263	310	342	393	471	17
文化、体育和娱乐业（亿元）	52	64	81	92	128	155	199	247	328	26
公共管理、社会保障和社会组织（亿元）	337	399	445	501	551	603	672	744	815	12

资料来源：《安徽省统计年鉴（2010～2018年）》。

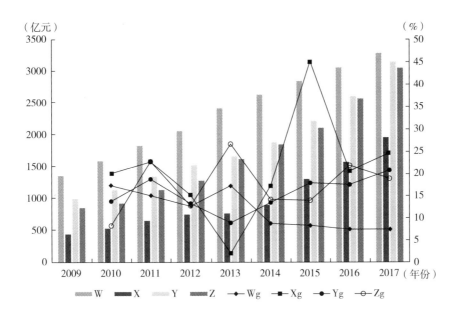

图2－14　2009～2017年安徽省第三产业内部部门增加值情况

注：W为传统服务业增加值，X为新兴服务业增加值，Y为公共服务业增加值，Z为金融与房地产业增加值，Wg为传统服务业增加值名义增速，Xg为新兴服务业增加值名义增速，Yg为公共服务业增加值名义增速，Zg为金融与房地产业增加值名义增速。

资料来源：《安徽省统计年鉴（2010～2018年）》。

2. 安徽省第三产业中传统服务业占比最高，新兴服务业占比较低，但近年来第三产业内部结构呈现出明显变化，传统服务业份额呈下降趋势，新兴服务业比重提高幅度较大，公共服务业比重变化不大，金融与房地产业占比不断上升

2009～2017年，安徽省交通运输、仓储及邮政业等传统服务业增加值占比下降较快，由37.1%下降至28.7%，下降了8.4个百分点，比重下降幅度最大；新兴服务业占比由12.2%上升至17.1%，提高了4.9个百分点，比重提高幅度最大；公共服务业比重仅提高了0.2个百分点，由27.3%上升至27.5%；金融与房地产业占比由23.4%提高到26.7%，分别提高了3.3个百分点（见图2-15）。这也说明了，得益于新一轮技术革命的兴起和信息技术的普遍应用，信息传输、软件和信息技术服务业，租赁和商务服务业等新兴产业快速发展；由于政府能够更好地发挥作用，大基建、科教文卫及居民服务等公共服务业取得了长足发展；随着金融体系不断完善、银行业的商业化改革、住房体制改革以及城镇化不断推进，金融业、房地产业快速崛起。

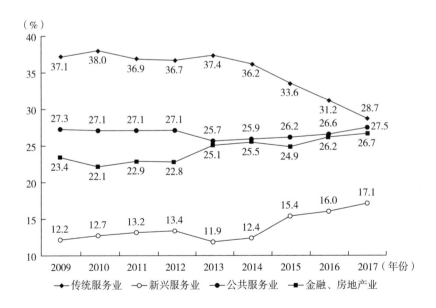

图 2-15 2009～2017 年安徽省第三产业内部结构变迁情况

资料来源：《安徽省统计年鉴（2010～2018 年）》。

二、安徽省产业发展的横向比较

通过纵向比较分析，可以探究近年来安徽省产业结构自身变化的特点及趋势，而选取长三角地区和长江经济带中部地区省份，以安徽省产业结构与之相比较，则可明确安徽省产业结构目前所处的水平以及未来发展的方向。本书选取的对比省区是湖南、湖北、江西、江苏、浙江及上海六个省市。

（一）产业总体规模偏小，产业结构合理度和高级度较低

1. 产业规模偏小，发展速度缓慢

安徽省产业规模不仅偏小而且与其他省市的发展差距愈来愈大。由图 2－15 可知，2000 年安徽省三次产业总规模虽然在七个省市中排名倒数第二，略高于江西省，但与排名前五位的省市差距并不大，分别低于江苏、浙江、湖北、湖南以及上海的 5652 亿元、3239 亿元、643 亿元、649 亿元、1910 亿元；到 2009 年时，安徽三次产业整体发展较为缓慢，产业总规模与其他省市的差距开始凸显，与前五位省市的差距分别扩大到 24394 亿元、12927 亿元、2898 亿元、2997 亿元、4983 亿元；到 2017 年时，安徽省产业发展仍然滞后于江苏、浙江、湖北、湖南以及上海，产业总规模不仅持续垫底，而且与省份的差距达到最大化，分别低于上述省市的 58852 亿元、24750 亿元、8460 亿元、6885 亿元、3615 亿元（见图 2－16）。

2. 产业结构合理度和高级化水平较低

相比于其他省份，安徽省第二、第三产业发展规模较小，第二产业占 GDP 比重较高，而第三产业占 GDP 比重较低。就规模而言，2017 年，安徽省的第二、第三产业总规模在七个省市中排名为第六位，仅高于江西，分别低于江苏、浙江、湖北、湖南、上海第二、第三产业总规模的 57389 亿元、25399 亿元、7513

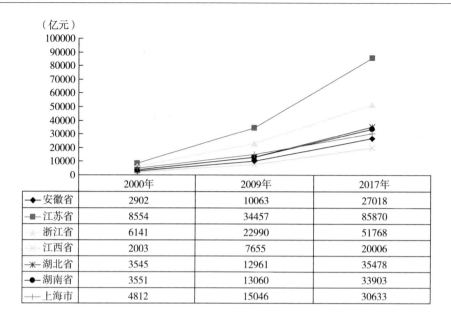

（亿元）

	2000年	2009年	2017年
◆ 安徽省	2902	10063	27018
■ 江苏省	8554	34457	85870
▲ 浙江省	6141	22990	51768
✕ 江西省	2003	7655	20006
✴ 湖北省	3545	12961	35478
● 湖南省	3551	13060	33903
＋ 上海市	4812	15046	30633

图 2-16　2000 年、2009 年、2017 年七个省市产业总规模比较情况

资料来源：国家统计局网站。

亿元、6469 亿元、6086 亿元；安徽省第二产业规模排名第五位，高于江西和上海，比江苏、浙江、湖北、湖南第二产业低 25817 亿元、9394 亿元、2603 亿元、1307 亿元；安徽省第三产业规模仅高于江西，位居第六位，分别比江苏、浙江、湖北、湖南、上海第三产业规模低 31572 亿元、16005 亿元、4910 亿元、5162 亿元、9594 亿元。就比重而言，2017 年，安徽省第二、第三产业增加值占 GDP 的比重较低，占 GDP 比重的 90.4%，在七个省市中排名第六位，仅高于湖北省（90.1%）0.3 个百分点，低于江苏、浙江、江西、湖南、上海 4.9 个百分点、5.9 个百分点、0.4 个百分点、0.7 个百分点、9.2 个百分点；安徽省第二产业占 GDP 比重较高（47.5%），在七个省市中排名第二，仅次于江西（48.1%），高于江苏、浙江、湖北、湖南及上海市 2.5 个百分点、4.6 个百分点、4 个百分点、5.8 个百分点、17 个百分点；安徽省第三产业占 GDP 比重较低（42.9%），仅高于江西省（42.7%）0.2 个百分点，比排名第一的上海低了 26.3 个百分点，分

别比江苏、浙江、湖北和湖南低7.4个百分点、10.4个百分点、3.6个百分点、6.5个百分点（见表2-5和图2-17）。

表2-5　2017年七个省市第二、第三产业增加值及其占GDP比重情况

	第二、第三产业总增加值（亿元）	第二产业增加值（亿元）	第三产业增加值（亿元）	第二、第三产业占GDP比重（%）	第二产业占GDP比重（%）	第三产业占GDP比重（%）
安徽省	24436	12838	11597	90.4	47.5	42.9
江苏省	81825	38655	43170	95.3	45.0	50.3
浙江省	49834	22232	27602	96.3	42.9	53.3
江西省	18171	9628	8543	90.8	48.1	42.7
湖北省	31949	15442	16507	90.1	43.5	46.5
湖南省	30905	14145	16759	91.2	41.7	49.4
上海市	30522	9331	21192	99.6	30.5	69.2

资料来源：国家统计局网站。

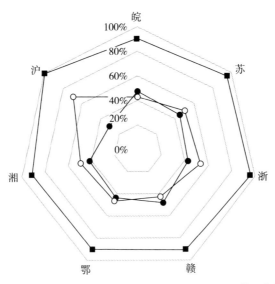

—■—第二、第三产业占GDP比重　　—●—第二产业占GDP比重　　—○—第三产业占GDP比重

图2-17　七个省市第二、第三产业占GDP比重排名

资料来源：国家统计局网站。

另外，本书将根据前文所构建的衡量产业合理度和高级化的指标体系——产业结构偏离度（E）、泰勒指数（TL）、非农业增加值与农业增加值（NA）、第三产业增加值与第二产业增加值之比（TS），测度江苏、浙江、江西、湖北、湖南及上海六个省市产业结构的合理度和高级度，并以之与安徽省相比较，对比结果如表2－6所示。由表2－6可知，就产业合理度而言，相比于其他六个省份而言，安徽省的产业结构合理度较低。2017年，安徽省产业结构偏离度（E）和泰勒指数（TL）排名（均按指数值升序排列）靠后，该两种指标仅低于湖北省和湖南省，产业合理度指标排名第五位；安徽省第三产业增加值与第二产业增加值之比（TS）、非农业增加值与农业增加值（NA）排名（按指数值降序排列）依然靠后，TS指标排名倒数第一，NA指标仅高于湖北省。上述对比表明，安徽省的产业结构合理度和高级程度与其他省份相比而言不高，有待提高（见表2－6和图2－18）。

表2－6　2017年七个省市产业结构合理度和高级度对比情况

	产业结构偏离度 E	泰勒指数 TL	第三产业增加值与第二产业增加值之比 TS	非农业增加值与农业增加值 NA
安徽省	1.45	0.15	0.86	10
江苏省	1.02	0.01	1.12	20
浙江省	1.02	− 0.02	1.24	26
江西省	1.25	0.10	0.89	10
湖北省	1.72	0.16	1.07	9
湖南省	1.92	0.15	1.18	10
上海市	0.97	− 0.01	2.27	276

资料来源：《安徽统计年鉴（2018 年）》《江苏统计年鉴（2018 年）》《浙江统计年鉴（2018 年）》《江西统计年鉴（2018 年）》《湖北统计年鉴（2018 年）》《湖南统计年鉴（2018 年）》以及《上海统计年鉴（2018 年)》。

3. 相对其他省份而言，安徽省第二产业对经济增长的带动作用较强，第三产业对经济增长的带动作用较弱

2017 年，安徽省第二产业对经济增长的贡献率在所有七个省市中排名第一

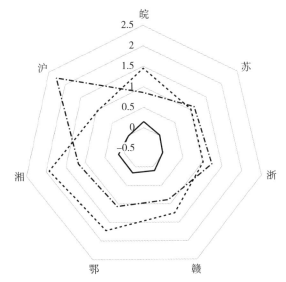

图 2-18　七个省市产业结构合理度及高级度排名

资料来源：根据各省市统计年鉴数据整理计算。

（49%），分别高于江苏、浙江、江西、湖北、湖南及上海 8 个百分点、13 个百分点、4 个百分点、9 个百分点、14 个百分点和 23 个百分点；第二产业对经济增长的拉动率也随着位居第一名，分别比上述六个省市高出 1.2 个百分点、1.3 个百分点、0.2 个百分点、1 个百分点、1.3 个百分点、2.3 个百分点。相比于第二产业对经济增长较强的带动作用而言，第三产业的带动作用相对较弱。2017 年，安徽省第三产业对经济增长的贡献率在七个省市排名中位居第七名，分别比江苏、浙江、江西、浙江、湖南、上海低 9 个百分点、13 个百分点、1 个百分点、6 个百分点、13 个百分点、25 个百分点；第三产业对经济增长的拉动率排名倒数第一名，比上述六个省份分别低了 0.1 个百分点、0.7 个百分点、0.2 个百分点、0.2 个百分点、0.8 个百分点、0.9 个百分点（见表 2-7 和图 2-19）。

表2-7 2017年七个省市第二、第三产业对经济增长的贡献率及拉动率对比情况

	第二产业贡献率（%）	第三产业贡献率（%）	第二产业拉动率（%）	第三产业拉动率（%）
安徽省	49	47	4.1	3.9
江苏省	41	59	2.9	4.3
浙江省	36	63	2.8	4.9
江西省	45	51	3.9	4.5
湖北省	40	57	3.1	4.4
湖南省	35	64	2.8	5.1
上海市	26	75	1.8	5.2

资料来源：《安徽统计年鉴（2018年）》以及国家统计局网站。

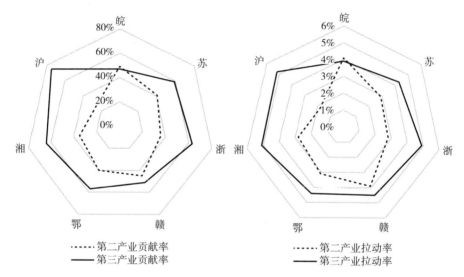

图2-19 2017年七个省市第二、第三产业对经济增长的贡献率及拉动率排名

资料来源：《安徽统计年鉴（2018年）》以及国家统计局网站。

（二）工业化水平较低，战略新兴制造业发展不足

1. 相对于其他省市，安徽省工业在国民经济中的地位较高，但是工业规模较小，在第二产业中的比重不高

2017年，安徽省工业增加值占地区生产总值中的比重在七个省市中排名第一，分别比江苏、浙江、江西、湖北、湖南和上海高了0.8个百分点、2.8个百分点、1.5个百分点、3.6个百分点、5.4个百分点和13个百分点。但是，安徽

省的工业增加值规模在七个省市中排名第五位，仅高于上海和江西，分别比江苏、浙江、湖北和湖南低了23098亿元、8558亿元、2144亿元、964亿元；而安徽省工业增加值在第二产业中的比重排名第四位，比江苏省、浙江省和上海市分别低了3个百分点、2.6个百分点、4.9个百分点。这说明工业是安徽省推动经济增长的主体产业，在国民经济发展过程中的地位较高（见表2-8和图2-20）。

表2-8 2017年七个省市工业规模及其占比

	工业增加值（亿元）	占第二产业比重（%）	占GDP比重（%）
安徽省	10916	85.0	40.4
江苏省	34014	88.0	39.6
浙江省	19474	87.6	37.6
江西省	7790	80.9	38.9
湖北省	13060	84.6	36.8
湖南省	11880	84.0	35.0
上海市	8393	89.9	27.4

资料来源：国家统计局。

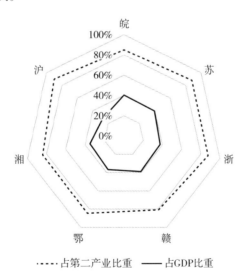

------ 占第二产业比重 —— 占GDP比重

图2-20 2017年七个省市工业占第二产业和GDP比重排名

资料来源：国家统计局。

2. 相对于其他省市，安徽省采矿业资源型产业规模偏大，制造业规模偏小

2016年，安徽省采矿业销售产值为1415亿元，规模在七个省市中排名第一，

分别比江苏、浙江、江西、湖北、湖南及上海市高出了 829 亿元、1235 亿元、337 亿元、326 亿元、168 亿元、1409 亿元；制造业销售产值排名第四，规模偏低，仅高于江西、湖南和上海 7828 亿元、2622 亿元、9652 亿元，而分别低于制造业大省江苏、浙江、湖北 110943 亿元、22274 亿元、5203 亿元；安徽省制造业在工业中的占比在七个省市中排名倒数第二位，仅高于浙江省（92.2%）0.4 个百分点，比江苏、江西、湖北、湖南及上海低了 2.8 个百分点、2.7 个百分点、1.3 个百分点、0.4 个百分点、2.5 个百分点（见表 2 - 9 和图 2 - 21）。

表 2 - 9   2016 年七个省市工业内部结构情况

	采矿业（亿元）	制造业（亿元）	电力、热力、燃气及水生产和供应业（亿元）	制造业占比（%）
安徽省	1415	39190	1725	92.6
江苏省	586	150133	5101	96.3
浙江省	180	61464	4985	92.2
江西省	1078	31361	489	95.2
湖北省	1089	44392	1814	93.9
湖南省	1247	36568	1504	93.0
上海市	6	29538	1513	95.1

资料来源：《中国工业经济统计年鉴（2017 年）》。

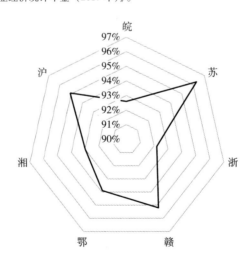

图 2 - 21   2016 年七个省市制造业在工业中的占比排名

资料来源：《中国工业经济统计年鉴（2017 年）》。

3. 相比其他省市，安徽省工业发展的技术创新驱动较强，但与先进省市仍有一定差距

2017 年，安徽省 R&D 全时当量在七个省市中排名第三位，比江西、湖北、湖南及上海高 58516 人年、9357 人年、9370 人年、14631 人年；新产品销售值排名第四，分别高于江西、湖北、湖南 4986 亿元、1320 亿元、257 亿元；发明专利排名第二名，分别高于浙江、江西、湖北、湖南及上海 2577 项、20445 项、14282 项、15250 项、12065 项。尽管如此，安徽省工业发展的技术创新驱动能力与先进省份仍存在一定差距，R&D 全时当量比江苏省和浙江省低 351870 人年、230048 人年；新产品销售值比江苏省、浙江省、上海市低 19736 亿元、12307 亿元、1225 亿元；发明专利比江苏低 21325 项（见表 2-10 和图 2-22）。

表 2-10　2017 年七个省市工业企业发展创新能力情况

	全时当量（人年）	新产品销售（亿元）	专利（项）
安徽省	103598	8843	24394
江苏省	455468	28579	45719
浙江省	333646	21150	21817
江西省	45082	3857	3949
湖北省	94241	7523	10112
湖南省	94228	8586	9144
上海市	88967	10068	12329

资料来源：《中国科技统计年鉴（2018 年）》。

4. 相比于其他省市，安徽省资本与知识密集型新兴制造业占比靠前，但与发达省份相比占比较低

本书同样按照上文划分方法将农副食品加工业等制造业等划分为资源与劳动密集型传统制造业，将医药制造业等划分为资本与技术密集型制造业。2016 年，安徽省传统制造业规模在七个省市中不大，排名第五位，高于江西（24754 亿元）906 亿元、上海（13706 亿元）11954 亿元，而分别低于江苏、浙江、湖北和湖南 68661 亿元、15160 亿元、7315 亿元和 761 亿元；但是安徽省传统制造业

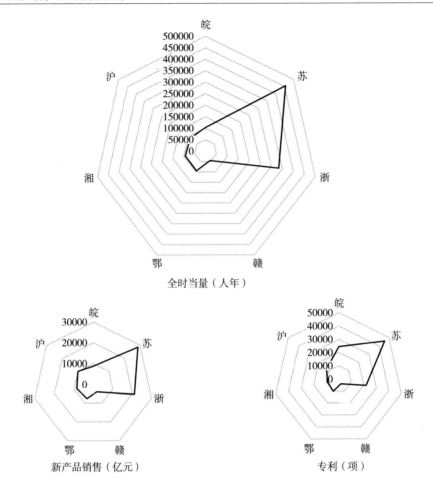

图 2-22   2017 年七个省市工业企业发展创新能力排名

资料来源:《中国科技统计年鉴（2018 年)》。

在制造业中的占比较靠后（65%），排名第五位，分别比浙江、江西、湖北和湖南高 1 个百分点、14 个百分点、9 个百分点、7 个百分点。2016 年安徽省新兴制造业规模排名和占比靠前，安徽省新兴制造业销售产值（13530 亿元）排名第四名，占比排名第三名，规模比江西、湖北和湖南高了 6922 亿元、2112 亿元、3383 亿元，占比高于上述三个省份 14 个百分点、9 个百分点、7 个百分点；但安徽省的新兴制造业发展仍与先进省份差距较大，规模比江苏、浙江、上海低了 42282 亿元、7114 亿元、2302 亿元，占比比江苏、上海低了 2 个百分点和 19 个百分点（见表 2 - 11 和图 2 - 23）。

表 2 - 11　2016 年七个省市制造业发展对比情况

	传统制造业 （亿元）	新兴制造业 （亿元）	传统制造业 占比（%）	新兴制造业 占比（%）
安徽省	25660	13530	65	35
江苏省	94321	55812	63	37
浙江省	40820	20644	66	34
江西省	24754	6608	79	21
湖北省	32974	11418	74	26
湖南省	26421	10147	72	28
上海市	13706	15832	46	54

资料来源：《中国工业经济统计年鉴（2017 年）》。

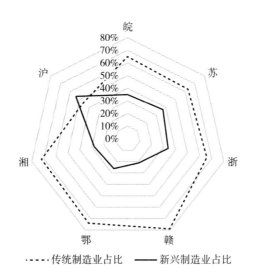

图 2 - 23　2016 年七个省市制造业发展排名

资料来源：根据《中国工业经济统计年鉴（2017 年）》的数据计算。

（三）服务业规模较小，新兴服务业与公共服务业发展滞后

相对于其他省市，安徽省不同类型的服务业规模整体偏小，金融房地产服务

业、新兴服务业与公共服务业占比较高，传统服务业占比较小。

本书将批发和零售业，交通运输、仓储和邮政业，住宿和餐饮业划分为传统服务业，将金融业和服务业归为金融房地产业，将信息传输、软件和信息技术服务业，教育等划分为新兴服务业与公共服务业。2017年，传统服务业、金融房地产业、新兴及公共服务业规模在七个省市中均排名于第六位，仅高于江西省，均比其他省市要低；虽然规模上，安徽省的金融房地产业，新兴服务业及公共服务业规模较小，但是在第三产业中的比重排名却较高，分别排名第四位和第二位（见表2-12和图2-24）。

表2-12 2017年七个省市服务业发展对比情况

	传统服务业（亿元）	金融房地产业（亿元）	新兴与公共服务业（亿元）	传统服务业占比（%）	金融房地产业占比（%）	新兴与公共服务业占比（%）
安徽省	3286	3054	5111	29	27	45
江苏省	12575	11800	18515	29	28	43
浙江省	9374	6756	11346	34	25	41
江西省	2747	1998	3735	32	24	44
湖北省	4916	4284	7068	30	26	43
湖南省	4868	2630	9081	29	16	55
上海市	6150	7204	7800	29	34	37

资料来源：国家统计局。

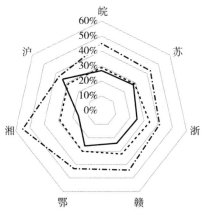

----传统服务业占比 ——金融房地产业占比 -·-新兴与公共服务业占比

图2-24 2017年七个省市服务业发展排名

资料来源：国家统计局。

三、安徽省产业发展趋势分析

安徽省产业发展基础良好、国内外新的技术与产业发展形势以及与周边发达地区产业分工协作，为全省大力发展新兴产业提供了全新的机会，新兴产业将是全省产业在未来一段时期内发展的方向和趋势。

（一）产业基础良好为战略新兴产业提供了发展条件

1. 战略新兴产业总规模不断发展壮大

2018 年，规模以上工业中，安徽省战略性新兴产业产值增长 16.1%，高新技术产业增加值比 2017 年增长 13.9%；拥有高新技术企业总数 5403 家，增长 25.4%，总量居全国第 8 位；在 2018 年国家高新区综合评价中，合肥、芜湖高新区综合排名位次前移；高新技术产品进出口达 179.7 亿美元，增长 29.2%，占全省进出口总额 28.5%，同比提升 2.8 个百分点。2019 年，安徽省战略新兴产业继续保持高速发展的势头，规模和势力进一步得到加强，2019 年上半年全省战略性新兴产业产值比 2018 年同期增长 16.3%，累计占规模以上工业的比重为 35.1%，累计对全省贡献率为 72.7%；2019 年 6 月，全省战略性新兴产业产值比 2018 年同月增长 18.6%，占规模以上工业的比重为 36.6%，对全省贡献率为 71.3%。

2. 一批新兴产业快速成长

安徽省新型显示产业从无到有、由弱到强，以面板为核心，集聚了液晶玻璃、光学膜、偏光片、驱动芯片等上下游企业 30 多家，合芜蚌地区正成为国内面板产能最大、产业链最完整、技术水平一流的新型显示产业集聚发展区。机器人产业在全国影响力和知名度大幅提升，龙头企业埃夫特公司已进入国产机器人整机企业第一梯队，四自由度以上机器人销量占国产机器人的 1/3，位居全国第一。集成电路、通用航空、硅基材料、生物医药等产业稳步崛起。总投资400亿元的全球最高世代液晶面板生产线京东方10.5代线、总投资135亿元的晶合晶圆制造、总投资100亿元的凯盛科技铜铟镓硒薄膜太阳能电池，以及埃夫特万台机器人、贝克药业替诺福韦等一批牵动性强的重大项目加速推进，2015年14个基地当年实现产值3082.7亿元、增长19.7%，高于全部工业增速13.6个百分点。

3. 科研实力雄厚，创新产出丰硕

就科研机构而言，安徽省拥有中国科学技术大学、合肥工业大学、安徽大学、中科院合肥物质科学研究院、中国电子科技集团第三十八所、中国科学技术大学先进技术研究院、合肥工业大学智能制造技术研究院为代表的高校、科研院所。就科研平台而言，2018年，安徽省有国家大科学工程5个；有国家重点（工程）实验室26个，省实验室10个，省重点实验室152个；有省级以上工程（技术）研究中心717家，其中国家级39家；拥有企业技术中心总数达1308家，比2017年新增144家；科技企业孵化器161家，新增23家；众创空间301家，新增47家，其中，国家级企业技术中心82家，国家级孵化器25家，国家级众创空间42家。就创新产出而言，2018年，安徽省申请发明专利10.88万件，获授权发明专利1.48万件，比2017年分别增长16.3%和19.3%，申请和授权发明专利总量分别居全国第五位和第七位。拥有有效发明专利6.15万件，每万人口发明专利拥有量达到9.83件，居全国第九位，中部领先。全年输出和吸纳技术合同成交额分别达到321.3亿元、354.5亿元，分别同比增长28.7%、31.0%。全省共登记科技成果8213项，创历史新高，实现产业化应用的应用技术成果占46.3%。

4. 战略新兴产业龙头效应和集聚效应不断凸显

首先，安徽省不同城市形成了不同优势产业集群。合肥市智能语音及人工智能、智能装备产业优势突出，拥有科大讯飞、巨一自动化等行业领军企业；芜湖市形成了涵盖关键零部件、本体制造、系统集成的工业机器人产业链；马鞍山、蚌埠、铜陵等城市是人工智能及机器人产业集聚地；合肥新站高新技术产业开发

区新型显示、芜湖鸠江经济开发区机器人、蚌埠硅基新材料产业园硅基新材料等
首批 14 个战略性新兴产业集聚发展基地建设不断向前推动。其次，安徽省服务
业集聚效应持续扩大。目前安徽省已拥有省级服务业集聚区 30 个，首批认定省
级示范园区 16 个，集聚区规模不断壮大，集聚效应进一步显现。2017 年，全省
161 个省级集聚区实现营业收入 4851.3 亿元，同比增长 14.3%，增速比前三季
度提高 0.6 个百分点；实际完成投资额 1777.8 亿元，增长 9.6%；入园企业数达
4 万，增长 15.8%；就业人员总数达 91.7 万人，增长 10.2%。其中，皖江示范
区、合肥都市圈集聚区先发优势明显，皖江 8 市、合肥都市圈 6 市集聚区营业收
入分别同比增长 15.3%、15%，税收增长 19.9%、20.4%，入园企业数增长
13.5%、12%，规模和发展效益同步提升。

（二）国内外新的技术与产业发展形势为战略新兴产业发展提供了机遇期

1. 全球新一轮科技革命和产业变革方兴未艾

其一，信息革命进程持续快速演进，万物互联、云计算、大数据等技术广泛
渗透到经济社会各个领域中，与传统制造业、服务业等领域交叉融合，信息经济
的繁荣程度成为国家实力的重要标志和衡量经济社会发展实力的重要标准；新一
代信息技术创新正在引领全球经济创新，以信息技术为代表的国家创新力和竞争
力正在成为世界各国新一轮竞争的焦点。其二，人工智能作为新一轮产业变革的
核心驱动力，正在深刻改变人类生产生活方式，推动经济结构调整和社会生产力
进步；大力发展人工智能产业，是培育一个国家或地区经济增长新动能、构筑产
业竞争新优势的关键，也是推动创新驱动发展、产业转型升级和社会变革进步的
重要途径。其三，增材制造（3D 打印）、超材料与纳米材料等领域技术不断取得
重大突破，推动传统工业体系分化变革，将重塑制造业国际分工格局。其四，基
因组学及其关联技术迅猛发展，精准医学、生物合成、工业化育种等新模式加快
演进推广，生物新经济有望引领人类生产生活迈入新天地。其五，应对全球气候
变化助推绿色低碳发展大潮，清洁生产技术应用规模持续拓展，新能源革命正在
改变现有国际资源能源版图。其六，数字技术与文化创意、设计服务深度融合，

数字创意产业逐渐成为促进优质产品和服务有效供给的智力密集型产业，创意经济作为一种新的发展模式正在兴起。全球新一轮科技革命和产业变革催生出来的新兴产业逐渐成为推动全球经济复苏和增长的主要动力，引发国际分工和国际贸易格局重构，全球创新经济发展进入新时代。

2. 我国新兴产业战略不断推进

首先，现阶段我国经济发展的基本特征就是由高速增长阶段向高质量发展阶段转变，发展动力正从主要依靠要素投入向创新驱动转变，我国经济正向形态更高级、分工更优化、结构更合理阶段演化，提质增效、转型升级的要求更加迫切，对战略性新兴产业发展提出了更高要求。这段时期是我国全面建成小康社会的决胜阶段，也是战略性新兴产业发展大有作为的重要战略机遇期，特别是以供给侧结构性改革为主线，深入推进新型工业化、信息化、城镇化、农业现代化同步发展，扩大有效投资，增加有效供给，满足有效需求，促进消费加快升级，为战略性新兴产业发展提供了广阔空间。其次，随着我国全面推进深化改革，创新驱动所需的体制机制环境将更加完善，科技创新与大众创业万众创新有机结合更加紧密，人才、技术、资本等要素配置持续优化，为战略性新兴产业发展提供了新动力。党的十九大作出了建设网络强国、数字中国、智慧社会的重大战略部署，《"十三五"国家战略性新兴产业发展规划》等将战略新兴技术产业列为发展重点，这都为产业发展创造了良好的政策环境。最后，广东、江苏、上海、浙江、贵州等省市纷纷在集成电路、新型显示、大数据、云计算、工业互联网等领域进行重点布局，形成了多点开花、竞相发展的格局，我国信息技术产业发展进入新一轮加速期。

3. 安徽省战略新兴产业发展空间较大

尽管安徽省战略性新兴产业在过去的一段时期内已取得了长足的发展，现已成为国家系统推进全面创新改革试验试点省，获批建设合芜蚌国家自主创新示范区，但是仍面临着整体创新水平不高、发展层次有待提升、关键核心技术竞争力不足、新兴产业规模还不够大、自主创新能力还有待提升、产业链配套尚不完整、产品附加值偏低、高端智能制造装备以及制造业所需关键原材料仍需大量依赖进口等挑战，这也为安徽省战略新兴产业发展提供了广阔的发展空间。

（三）与周边发达地区产业分工协作为新兴产业发展提供了重要平台

安徽与沪苏浙地缘相近、人缘相亲、文化相通，交流合作源远流长。1990年安徽作出"开发皖江、呼应浦东"的决策，2005年实施"东向发展"战略，2008年正式加入"三省一市"合作机制，2019年中共中央政治局会议审议通过《长江三角洲区域一体化发展规划纲要》，将安徽省纳入长三角一体化建设中，要求安徽与上海、江苏、浙江加强各领域互动合作，扎实推进长三角一体化发展。30年来，安徽省参与长三角分工合作紧密度和融合度不断提升，产业协同发展不断深化，为不断推动全省新兴产业的发展提供了重要的平台。

1. 以先进地区的资本与技术改造和升级传统产业

安徽省不仅具有丰富的自然资源，而且拥有大量的劳动力，因此使全省的农副食品加工业、煤炭开采和洗选业、有色金属冶炼及压延加工业等资源与要素密集型产业在泛长三角地区中具有绝对的优势。

随着沿海地区经济发展，煤电和焦炭等资源性产品的用量大幅增加，一次性能源需求的过快增长，给制造业带来诸多制约因素（时段性和季节性的高峰用量、环境承受能力下降），导致了长三角地区对外来能源的依赖性不断增强。因此未来安徽省与江浙沪地区在能源领域的合作，应该加强清洁环保的二次能源开发利用，即利用沪浙苏的人才、技术和资金提供如高性能的太阳能、蓄电池和单晶硅等系列产品的投资，再通过安徽低成本生产优势生产制造，努力提高清洁能源的使用量。

过去很多年，劳动密集的加工制造业这一领域的地区分工形势不明显。因为沪浙苏地区依靠周边欠发达省份源源不断输出的廉价劳动力，通过参与国际市场分工形成较强的国际比较利益。但是随着我国中部崛起战略的实施，中部省份工业发展势头强劲，劳动力的自我消化能力增强，这使外来劳动力主要靠安徽、江西等中部地区输出的沪浙苏地区"民工荒"问题严重，再加上宏观经济形势变化使沪浙苏地区许多劳动密集型产业，特别是产业中的中低档产品难以为继，而安徽的后起优势产业主要集中在这类生产领域，且产品原料丰富，承接长三角地区的企业转移和参与区域的产业分工协作，具有得天独厚的条件。

2. 以较强的制造业装备配套生产能力参与区域产业分工

江浙沪地区的最为主要的优势在于该地区是我国装备制造业基础最雄厚、产业门类和配套品种最齐全的生产基地，有较强的产业辐射力和带动力，因此能够高质量地推动整个长三角地区经济快速发展。以交通运输、专用和通用设备制造等为核心内容的泛长三角装备制造业，正在经历产业水平升级要求下的生产过程更专、更精、更细、更尖的分工和结构调整；同时，面对市场更加细化下的需求多样化，产品类型和等级的划分也越来越细。装备制造业一直是安徽的弱势产业，但是近年来发展很快，产业集聚能力明显增强，正在成为全省的主导产业。近年来，在钢材等原材料大幅涨价形势下，安徽的装备制造业相比沿海地区，形势比较稳定，发展良好。这些都表明安徽参与泛长三角产业分工能力的增强。

从泛长三角的区域配套生产能力看，江浙沪和安徽的交通运输、成套设备、电子机械和家电等装备制造业，都有较强的产业带动力。这些产业又都具有产业链条长、配套生产量大品种多的特点。因此，要加强区域的产业优势，就必须加强整个区域的配套生产能力建设，即以区域中心为半径，建立最优的层级式多向供货产业体系；从产品多样化水平看，在同一产业内的不同龙头企业地区分工也可以不同，如汽车制造，上海等地侧重轻型车、重成品车、大排量高档车，安徽侧重重型车、改装车、小排量中低档车。随着泛长三角经济体系的建立和区域协调能力的加强，安徽与沪浙苏资源禀赋的差异性，完全可以在区域装备制造的许多产业内实现多样化分工生产。

3. 不断吸收、承接发达地区的先进生产性服务业

在生产性新兴服务业发展水平上，安徽省远不及江浙沪地区。安徽省的生产性服务业更是规模小、档次低，在组织分工上还没有形成一个完整的产业。江浙沪地区在我国入世以后凭借其良好的区位优势和经济基础，通过大量承接国际三产转移，生产性服务业发展很快。作为全国经济发展的"领头羊"，江浙沪地区向西扩展服务领域有助于提升产业形态和加快地区城市功能转型；而安徽也迫切

需要通过这种合作进一步带动制造业的高水平发展。

　　制造业分为七块，即生产制造、商品设计、原料采购、仓储运输、订单处理、批发经营、零售，其中生产制造为经济附加值最低的环节，而在泛长三角的产业分工中，安徽在制造业中所承担的环节就是低附加值的生产制造环节。在泛长三角地区分工中，安徽越是重点发展以加工制造生产为主的工业，就越会在制造业的其他软环节上依赖沪浙苏的生产性服务。目前，安徽将近70%的进出口商品通过上海、南京和宁波港口、70%以上的省际物流和通信面向沪浙苏。随着现代经济系统的发展，安徽还会在更多更广的领域加强与沪浙苏生产性服务业的合作。

　　在承接以江浙沪地区先进的生产性服务业辐射影响的同时，安徽省也要发展自己的生产性服务业。只有这样，当未来江浙沪等经济发达地区的生产性服务业向信息性服务业转型升级时，安徽才能抓住产业梯级转移时机有效提升自己。

第三章　安徽省传统产业转型升级

近年来，安徽传统产业取得了长足进步，以煤炭、钢铁、有色金属、纺织服装、建筑材料、家用电器、化学工业等九大行业为支柱的产业体系进一步充实完善。在后金融危机时代和经济新常态时期，传统产业为安徽省经济平稳较快发展发挥了"稳定器"的重要作用。"十四五"时期及未来更长一段时期是安徽省全面深化改革、实施创新驱动发展战略的关键时期。进一步推动传统产业转型升级，将是安徽省经济发展模式实现由要素驱动向创新驱动转变、提升产业发展质量和效益的关键。

一、安徽省传统产业转型升级的有利条件与制约因素

（一）安徽省传统产业转型升级的有利条件

1. 现有产业发展基础较好

经过几十年发展，安徽省传统产业的总体规模、技术创新能力、市场竞争力等均有了较大提高，具备了转型升级的基础。以化工产业为例，目前安徽省已经形成石化、化学矿山、农用化工、有机无机原料、合成材料、精细化工等十几个

行业比较完整的工业体系，可以生产3500多个石油和化工产品，其已成为安徽省的支柱产业之一，涌现了一批优势企业和优势产品，如淮化集团的硝酸、安庆曙光的氰化钠、安庆石化的丙烯腈、皖维集团的PVA、中鼎集团公司的橡胶密封件等产量国内领先；子午线轮胎、农药、磷肥、氮肥、硫酸、粉末涂料、专用树脂等产品在全国占有较大比重；同时在淮南、铜陵、蚌埠、安庆、阜阳、池州、滁州、合肥等逐步形成了一批各具特色的化工生产基地；培养和积聚了大批化工生产、经营、技术和管理人才，为产业转型升级发展奠定了较为坚实的发展基础。

2. 区位条件比较优越

安徽自然资源丰富，生态环境较好，要素成本较低，区位条件优越，是中部地区崛起战略的重点发展区域，也是长三角地区产业向中西部转移和辐射最接近的区域，处于全国经济发展的战略要地和国内几大经济板块的对接地带，经济、文化和长江三角洲其他地区有着历史和天然的联系。在国内跨区域产业转移加速推进的背景下，安徽省可以利用有利的区位条件，围绕突破有色、钢铁、装备制造等传统产业转型升级的痛点与瓶颈，着力引进处于产业链关键环节、行业排名前列的龙头企业，借助外力来加速推进传统产业的转型升级。

3. 政策环境比较有利

从全国范围看，国家的政策导向为传统产业升级带来新机遇。近年来，为了加快传统产业的转型升级，国家在《工业转型升级规划》《关于促进全国资源型城市可持续发展的若干意见》等重要文件中从体制机制创新、要素保障、技术创新、市场环境等多个方面做出总体部署，促进支撑工业转型发展的相关政策体系加快形成和完善，为传统产业转型升级提供重要契机（见表3-1）。从安徽省范围看，安徽省把加快传统产业转型升级作为稳增长、调结构的基础性力量，制定了《传统产业改造提升工程实施方案》，鼓励企业采用新设备、新技术、新工艺，加快技术改造。方案中重点围绕钢铁、有色、化工、医药等九大传统行业，进一步强化改革、改组、改造，推动技术、产品、管理创新；与此同时，每年上万亿元的工业投资，也重点投向传统产业技术改造。此外，在被称为安徽制造业未来10年发展路线图中，冶金、建材、化工、纺织、食品加工五大优势传统产业的改造提升被作为重点产业和领域提及，并明确了各自发展重点和发展路径。因此，无论是从国家层面还是从安徽省层面看，未来安徽省传统产业转型升级的政策支持都比较有利。

表3-1　近年来我国出台部分政策文件及其对安徽省产业发展的积极影响

政策名称	发布时间（年份）	政策内容	积极影响
《工业转型升级规划（2011—2015年)》	2012	鼓励传统产业加强企业技术改造、增强自主创新能力、提高绿色低碳发展水平、实施质量和品牌战略，为传统产业转型升级提供产业政策、财税政策、公共服务平台等多方面的支持	有利于安徽传统产业加快产品、技术和工艺流程的改造升级
《推动共建丝绸之路经济带和21世纪海上丝绸之路的愿景与行动》	2015	高举和平发展的旗帜，积极发展与沿线国家的经济合作伙伴关系，共同打造政治互信、经济融合、文化包容的利益共同体、命运共同体和责任共同体	有利于安徽省传统产业扩大产品出口，走出去进行国际产能合作
《促进中部地区崛起"十三五"规划》	2016	大力推进中部地区重点区域战略性新兴产业发展，研究建立工业制造重点示范基地，加快形成中部地区特色产业体系	有利于安徽省的技术创新和新兴产业的培育发展
《长江经济带发展规划纲要》	2016	坚持生态优先、绿色发展，共抓大保护，不搞大开发；确立了长江经济带"一轴、两翼、三极、多点"的发展新格局	有利于安徽省承接沿海地区产业转移；创新驱动产业转型升级
《关于支持老工业城市和资源型城市产业转型升级的实施意见》	2016	建立创新驱动的产业转型升级内生动力机制；形成以园区为核心载体的平台支撑体系；构建特色鲜明竞争力强的现代产业集群；加大产业政策、创新政策、投资政策、金融政策、土地政策支持力度	有利于安徽省提升创新能力，培育形成推动产业转型升级的新供给新动力；发展特色产业集群；拓宽融资渠道、降低融资成本；加强转型升级咨询平台建设

续表

政策名称	发布时间（年份）	政策内容	积极影响
《关于支持首批老工业城市和资源型城市产业转型升级示范区建设的通知》	2017	各示范区稳步推进相关工作，加快建立创新驱动的产业转型升级内生动力机制，形成以园区为核心载体的平台支撑体系，构建特色鲜明竞争力强的现代产业集群	将安徽省铜陵市列为首批政策支持老工业城市和资源型城市
《关于推动先进制造业和现代服务业深度融合发展的实施意见》	2019	培育融合发展新业态新模式，推进建设智能工厂、加快工业互联网创新应用、发展服务衍生制造；探索重点行业重点领域融合发展新路径，加快原材料工业和服务业融合步伐、深化制造业服务业和互联网融合发展；提供保障措施、优化发展环境、强化用地保障、加大资源保障、加强人力资源支持、开展两业融合试点	有利于安徽省传统产业拓宽融资渠道、加大融资规模；提高创新用地供给；加强人才培养与引进

资料来源：作者根据有关资料整理。

4. 新一轮科技革命和产业变革对传统产业转型升级发展带来的机遇

当今以信息技术和制造技术深度融合为趋势、以数字化网络化智能化制造为标志的新一轮科技革命和产业变革迅速孕育兴起，新的生产方式、产业形态、商业模式和经济增长点加快形成。现代信息技术在三维（3D）打印、移动互联网、云计算、大数据、生物工程、新能源、新材料等领域取得重大突破。基于信息物理系统的智能装备、智能工厂等智能制造正在引领制造方式变革，推动全球产业价值链拓展和升级。

新一轮科技革命和产业变革的加速发展，为安徽省传统产业转型升级提供十分有利的外部环境。一是新一轮技术革命为大数据、"互联网＋"、"智能＋"等现代信息技术改造提升传统制造业提供了有利条件。安徽钢铁、建材、化工、纺织、有色等传统优势产业可以利用新一代信息技术带来的最新成果，加快这些产业的数字化、网络化、智能化改造，发展智能制造、智能物流，推动传统优势产业向产业链和价值链的中高端迈进。二是新一轮技术革命为传统产业的低碳化改造提供了技术支持。安徽省量大面广的"双高"（高能耗、高污染）产业可以利用这一有利条件，推广应用高效绿色冶炼技术、二氧化碳捕集、利用和储存技术等低碳新技术，加快"双高"产业绿色化、低碳化改造进程，推动"双高"产业转向资源节约型、环境友好型的"两型"产业。

（二）安徽省传统产业转型升级的主要制约因素

1. 创新能力弱，传统产业转型升级技术基础比较薄弱

技术创新是传统产业转型升级的第一推动力，是产业获得持续竞争优势的主要来源。安徽传统产业大多是中小企业比较集中的行业，企业研发投入能力有限，研发投入强度低，研发力量薄弱，研发水平低。2017 年，全省规模以上工业企业研究与试验（R&D）经费支出为 436.1 亿元，占 GDP 的比重为 1.58%，低于江苏的 2.14%、浙江的 2.0%、上海的 1.76%。而且，在创新实践中，多数企业的创新活动仍然以模仿性、渐进性创新为主，原创性、突破性创新则较少，行业共性技术特别是关键核心技术和共性技术供给不足，使安徽省许多传统产业转型缺乏技术支撑能力，大多被长期锁定在产业链的上游和价值链的低端而难以升级。例如，家电产业，合肥、芜湖、滁州三市拥有较好的产业基础，但家电的核心部件仍主要依赖外省企业提供或从国外进口，导致产业链的延伸和价值链的提升困难重重，"安徽制造"难以跃升至"安徽智造""安徽创造"。

2. 龙头企业带动能力不足，传统产业转型升级缺少"带头大哥"

利用龙头企业具有的资源、技术、管理和市场号召力等多方面的优势来加速推进资源整合，产业链延伸，价值链提升，产业集中和集聚，进而实现产业集群、集约化发展，是推动传统产业转型升级的重要途径，而安徽省传统产业大多以中小企业为主，骨干龙头企业数量少，产业集中度不高，"有产业无龙头"的问题突出。在 2018 年中国企业 500 强中，安徽只有铜陵有色、马钢集团、淮南矿业、淮北矿业、江淮汽车、皖北煤电等九家制造企业入围，其中排名最高的铜陵有色只位列 116 位，营业收入仅相当于排名榜首的中石化的 1/16。在中国民营企业 500 强中，安徽制造企业只有众泰汽车（第 361 名）、山鹰国际控股（第 443 名）两家企业入围。龙头企业数量少、规模小，使安徽传统产业转型升级缺少"带头大哥"和"引路人"。

3. 资金和人才问题较为突出，传统产业转型升级的要素制约明显

资金和人才是产业发展的两大关键性生产要素，也是传统产业转型升级的重要物质基础，而安徽省传统产业融资难、融资贵问题比较突出，人才资源特别是高端人才比较短缺，制约了安徽传统产业转型升级的推进。从资金看，当前安徽传统产业平均利润不足5%，企业上缴的各种税费约占利润的一半以上，企业没有足够的自有资金进行改造升级；从外部融资则面临"融不到、用不起"的两难困境，传统企业扩大投资、技术改造和结构调整的转型之路受到明显制约。从人才看，由于安徽传统企业缺乏先进的科研设备和舒适的科研环境、用人机制和管理体制过于僵化、考核制度不合理等原因，安徽省传统产业的技术创新人才和专业技术人才引不来、留不住现象十分突出，创新人才和专业技术人才相当短缺，妨碍了安徽省传统产业的转型升级。

二、安徽省传统产业转型升级的指导思想与目标

（一）指导思想

以习近平新时代中国特色社会主义思想为指引，全面贯彻落实党的十九大和十九届二中、三中、四中全会精神，坚持新发展理念，落实高质量发展要求，立足安徽省传统产业的现有基础和比较优势，扬长避短，深入实施创新驱动发展战略，紧紧围绕加快转型升级任务，以企业为主体，以创新为动力，以传统产业高质量发展为导向，以各类工业园区、产业集群等为载体，大力推进技术改造，强化供给侧结构性改革，强化传统产业的两化融合和低碳发展，坚持推进产业有序转移，培育转型升级新动能，建立产业转型升级新体制，提高传统产业技术、工艺装备、质量效益、能效环保和安全生产等水平，促进传统产业走上创新型、效

益型、集约型、生态型发展道路。

（二）基本原则

（1）坚持提质增效。把提高发展的质量和效益作为安徽传统产业转型升级的中心任务，坚决摒弃传统的规模速度型、粗放型增长模式，加快促进传统产业的高端化、智能化、绿色化、服务化发展；增强加快转变传统产业发展方式的自觉性和主动性，坚持抓好传统产业结构调整，加强质量品牌建设，充分发掘新型工业化、信息化中蕴含的巨大潜力，全面推进科技、管理、市场、商业模式的创新，使创新驱动成为安徽省传统产业发展的新引擎，加快推动传统产业发展模式向质量效益型转变。

（2）坚持创新驱动。坚持把创新作为引领安徽省传统产业转型升级的第一动力，强化企业技术创新主体地位，通过整合资源、加强原始创新、集成创新、引进消化吸收再创新和协同创新，集中攻克一批制约传统产业转型升级的关键核心技术和行业共性技术，以创新引领安徽省传统产业的转型升级。

（3）坚持两化融合。把推进"两化"深度融合作为安徽省传统产业转型升级的关键环节，推动新一代信息技术与传统产业深度融合，推进以数字化、网络化、智能化为标志的智能制造，促进生产型制造向服务型制造转变，培育新型生产方式和商业模式，拓宽产业发展新空间。

（4）坚持环境友好。把发展资源节约型、环境友好型产业作为全省传统产业转型升级的基本底线，加强节能减排和资源综合利用，大力发展循环经济、低碳经济，全面推进清洁生产，开发推广绿色低碳技术、工艺与产品，促进传统产业向绿色功能产业转变。

（三）转型目标

钢铁、有色、化工、煤炭、电力、家电、工程机械、农业机械、绿色食品、轻纺服装等传统产业改造提升明显加快，结构不断优化，创新能力显著提升，规模效益明显提高，产业布局进一步优化，可持续发展能力不断增强，传统产业的整体素质和核心竞争力显著提升，产业转型升级取得明显成效。到 2025 年，传统产业规模以上企业研发投入占主营业务收入比重达到 2.0% 以上，科技进步对传统产业增长贡献率提高至 60% 以上；单位产值综合能耗比 2018 年下降 20% 以上，产业发展水平和层次明显提升。到 2030 年，传统产业规模以上企业研发投入占主营业务收入的比重达到 3.0% 以上，科技进步对传统产业增长贡献率提高至 70% 以上；单位产值综合能耗比 2025 年下降 15% 以上。

三、安徽省传统产业转型升级的路径与重点任务

（一）提升自主创新能力，提高传统产业转型升级的技术支撑能力

增强科技创新能力，进一步提高传统产业的技术水平，促进从要素驱动向创新驱动转变，以技术创新支撑和推动传统产业转型升级。鼓励有条件的企业建立和完善研发中心、技术中心、重点实验室等，引导企业增加研发经费投入，切实提高传统企业的技术研发实力，开发有自主知识产权的主导产品和核心技术，同时要加强对创新成果的知识产权保护，促进技术创新成果转化。搭建以企业为主体的产学研协同创新服务平台，围绕传统产业创新发展的重大共性需求，集聚企业研发中心、科研机构、高等院校等研发资源，建设一批面向区域或全国的传统产业创新中心，为企业提供协同创新、协作共享、信息资源、科研成果转化等服务，着力突破制约传统产业转型升级的核心技术瓶颈和关键技术，增强产业协同创新能力。

引导传统企业加快向以用户为中心的互联网生产方式转型，使用户深度参与产品研发设计、生产制造、经营管理、销售服务等全过程；鼓励传统企业主动应用电子商务、在线定制等新型业务模式，提高生产效率，降低生产成本。支持互联网企业与传统企业合作对接，共同建设跨界交叉领域的工程实验室、技术研究

中心等，提高"互联网＋传统产业"的针对性和融合水平，加快传统产业转型升级。

（二）加大产业的智能化、信息化改造，推动传统产业的智能化转型

加快传统产业的智能化改造升级。积极采用"大智物移云"技术（大数据、智能化、物联网、移动互联网、云计算），从产品、生产、模式、基础四个维度对安徽省传统制造产品、制造车间、制造工厂、重点制造企业、重点工业园区进行数字化、网络化和智能化改造升级，打造智能产品、智能车间、智能制造工厂、智能企业和智慧园区，运用数字化、网络化和智能化技术对安徽省传统产业的产品设计、制造和营销等所有产业链环节进行全流程数字化、网络化、智能化改造提升，实现智能化设计、智能化工艺、智能化加工、智能化装配、智能化管理、智能化检测、智能化试验、智能化营销，变"安徽制造"为"安徽智造"。

加快传统产业信息化改造升级。推动互联网与安徽传统产业融合发展。鼓励传统企业开展工业互联网创新试点，引导企业利用互联网，发展个性化定制、众包设计、云制造等新型制造模式，推动形成基于消费需求动态感知的研发、制造和产业组织方式。支持制造业云平台建设，鼓励企业通过应用互联网、云计算、大数据等技术推进研发设计、生产制造、检验检测、数据管理、技术标准、工程服务等资源共享，实现制造能力的优化配置。

（三）加大产业的服务化改造，推动传统产业的服务化转型

抓住新一轮科技革命和产业变革带来的机遇，加快安徽传统产业的服务化改造升级，推动传统制造企业立足制造、融入服务，优化供应链管理，深化信息技术服务和相关金融服务等应用，升级产品制造水平，提升制造效能，提高产品服务能力，提升客户价值，加快传统制造企业从以加工组装为主向"制造＋服务"转型，从单纯出售产品向提供"产品＋服务"的组合转变（包括在线监测、全生命周期管理、综合解决方案、个性化定制服务等模式）。

鼓励传统制造企业加快发展创新设计。在传统制造业重点领域，推动建设贯

穿产业链的研发设计服务体系，引领服务型制造发展。不断深化设计在企业战略、产品合规、品牌策划、绿色发展等方面的作用。探索发展众包设计、用户参与设计、云设计、协同设计等新型模式，增强自主创新设计能力。推动创新设计在产品、系统、工艺流程和服务等领域的应用，强化创新设计对行业的服务支撑。引导制造业企业加大对设计的投入和应用，带动产学研用协同创新。鼓励竞争性领域优势企业建立独立设计机构，加快培育第三方设计企业，面向制造业开展专业化、高端化服务。

鼓励传统制造企业加快推广定制化服务。鼓励纺织服装、家居建材等制造业企业，通过客户体验中心、在线设计中心和大数据挖掘等方式，采集分析客户需求信息，增强定制设计和用户参与设计能力。加快零件标准化、部件模块化和产品个性化重组，推进生产制造关键环节组织调整和柔性化改造，形成对消费需求具有动态感知能力的设计、制造和服务新模式，支持开展大批量定制服务。

鼓励传统制造企业加快发展网络化协同制造服务。引导传统制造业企业增强信息化方案设计、系统开发和综合集成能力，实现研发设计、生产组织、质量控制和运营管理等子系统互联互通、协同运行。支持软件和信息技术服务企业面向制造业提供信息化解决方案，开发低成本、高可靠的信息化软件系统，加大应用推广力度，促进两化深度融合。

鼓励传统制造企业大力发展云制造服务。支持传统制造业企业、互联网企业、信息技术服务企业跨界联合，实现制造资源、制造能力和物流配送开放共享，提供面向细分行业的研发设计、优化控制、设备管理、质量监控等云制造服务，推动创新资源、生产能力和市场需求的智能匹配和高效协同。鼓励中小企业采购使用工业云服务，承接专业制造业务，外包非核心业务，走"专精特新"发展道路。

（四）扩大开放，推进传统产业的开放化发展

实施传统产业开放合作专项行动计划，加快与长三角、珠三角和环渤海经济区的产业分工协作，引进传统产业转型升级急需的先进技术和高端人才，积极推

进有条件的传统制造企业实施"走出去"战略，推动传统产业实现从产品输出向产业输出的提升，推动传统产业开放性发展。

加强长三角产业协同发展。利用有利的区位条件，围绕突破有色、钢铁、装备制造等传统产业转型升级的痛点与瓶颈，着力引进处于产业链关键环节、行业排名前列的龙头企业和关键核心技术，弥补安徽传统产业转型升级的短板，实现产业链条的上下延伸、左右配套，提升产业的核心竞争力。

拓展国内产业协作。加强与长三角、珠三角、环渤海等地区的产业合作，瞄准骨干企业配套、优势产业空白、行业地方龙头，大力引进重点产业投资项目。强化与"一带一路"沿线内陆地区的产业对接合作，依托各地区丰富的资源能源，结合化解产能和产业转移，加强在石油化工、装备制造、有色冶金等方面的合作，推动上下游产业链和关联产业协同发展，提升区域产业配套能力和综合竞争力。

深化产业国际合作。充分利用"一带一路"深入实施的有利机遇，推动装备制造、现代冶金、轻工纺织等安徽省优势产业率先"走出去"，建设境外生产加工基地，推动高端装备、先进技术、优势产能向境外拓展。推进制造企业与对外承包工程企业组建战略联盟，联合承接境外产业合作项目，支持有实力的企业建设境外产业园区。提高制造业利用外资与国际合作水平，面向全球引进一批价值链高质、产业链高端的关键项目。

（五）加快产业绿色低碳化改造，推动传统产业向绿色低碳化发展

将绿色设计、绿色技术和工艺、绿色生产、绿色管理、绿色供应链、绿色循环利用等理念贯穿于传统产业转型升级的全过程中，创建绿色工业园区和绿色示范工厂，开发绿色产品，不断降低物耗、能耗、水耗、污染物和碳排放强度，加快传统产业生产过程的清洁化、能源利用的低碳化、水资源利用的高效化和基础制造工艺的生态化，实施一批全工艺流程生产线的绿色化改造升级工程，使其实现全产业链的环境影响最小、资源能源利用效率最高，实现经济效益、生态效益和社会效益的协调优化，全面提升安徽传统产业的绿色循环低碳化发展水平。具

体包括以下四个方面:

(1)加快传统产业绿色化改造升级。加快电力、钢铁、有色金属、新型化工、建材等传统产业绿色化改造,加快推广兼有"产品制造功能、能源转换功能和废弃物消纳及资源化功能"的工艺流程,扩大可再生能源就地消纳规模,大力研发推广余热余压回收、水循环利用、污染减量化、有毒有害原料替代、废渣资源化、脱硫脱硝除尘等绿色工艺技术装备,提高清洁生产水平。积极构建绿色制造体系,加快淘汰落后机电产品和技术,加强绿色产品研发应用,建设绿色数据中心,打造绿色供应链,推动建设一批绿色园区、绿色矿山和绿色企业。推动电力、新型化工、电解铜、电解铝的生产技术标准达到国内甚至国际先进水平,成为国内行业标准制定的重要参与者或引领者。

(2)节约集约利用资源。推动高耗能、高耗水产业转变资源利用方式,以节能减排、节水、节地为目标,加强生产全过程节约集约管理,提高能源资源综合利用效率和效益。推广先进适用技术、工艺和设备,提高矿产采选率和冶炼回收率。实施能效"领跑者"制度,完善扶持政策。实行最严格的水资源管理制度,加强工业园区污水特别是化工高浓盐水处理能力建设,提高采矿疏干水、再生水循环使用率。

(3)构建循环型工业体系。全面推行循环生产方式,促进园区、企业、行业间链接共生、原料互供和资源共享,重点培育发展精深加工产业链。突出抓好煤炭、有色金属等共伴生矿产资源综合利用,鼓励粉煤灰、煤矸石、煤泥、冶金和化工废渣及尾矿等大宗工业废弃物的综合利用。推动工业园区生态化、循环化改造,建设一批新型工业化产业示范基地,打造一批"近零排放"生态型工业园区。

(4)有序开展淘汰落后产能工作。完善行业准入管理,发挥规划、标准和政策引导作用,强化环保、土地等约束,加强产业政策与财税、金融、贸易等政策协调配合,加快形成落后产能退出的倒逼机制,有序推进淘汰落后产能、化解过剩产能、转移低效产能工作。严格落实新(改、扩)建钢铁、电解铝项目产能等量或减量置换,加快淘汰钢铁、水泥、电解铝、平板玻璃、造纸、印染等行业的落后产能。

四、安徽省重点传统产业转型升级的方向

（一）煤炭工业

以提高发展的质量和效益为中心，以供给侧结构性改革为主线，坚持市场在资源配置中的决定性作用，着力化解煤炭过剩产能，着力推进清洁高效低碳发展，着力加强科技创新，着力深化体制机制改革，努力建设集约、安全、高效、绿色的现代煤炭工业体系。

煤炭绿色开采。研究制定两淮矿区生态文明建设指导意见，建立清洁生产评价体系，建设一批生态文明示范矿区。在煤矿设计、建设、生产等环节，严格执行环保标准，采用先进环保理念和技术装备，减轻对生态环境影响。以煤矿掘进工作面和采煤工作面为重点，实施粉尘综合治理，降低粉尘排放。因地制宜推广充填开采、保水开采、煤与瓦斯共采、矸石不升井等绿色开采技术。限制开发高硫、高灰、高砷、高氟等对生态环境影响较大的煤炭资源。加强生产煤矿回采率管理，对特殊和稀缺煤类实行保护性开发。

煤炭洗选加工。鼓励大中型煤矿配套建设选煤厂或中心选煤厂，加快现有煤矿选煤设施升级改造，提高原煤入选比重。推进千万吨级先进洗选技术装备研发应用，降低洗选过程中的能耗、介耗和污染物排放。大力发展高精度煤炭洗选加工，实现煤炭深度提质和分质分级。鼓励井下选煤厂示范工程建设，发展井下排矸技术。支持开展选煤厂专业化运营维护，提升选煤厂整体效率，降低运营成本。

煤层气开发利用。强化规划引领，坚持井下抽采利用与地面开发利用并重，实现煤层气的综合利用。指导煤矿企业将煤层气利用部分从煤炭产业中分离出

来，延长产业链，成立独立企业运营；推广煤层气提纯加工制 CNG、LNG 项目建设，引导煤层气利用由发电、分布式利用向中、高端利用转变，逐步开发下游产品；开展联合技术攻关，解决区域煤炭、煤层气资源开发综合利用技术瓶颈；支持煤炭地下气化工程示范，探索新的采煤方法，变采煤为采气。

（二）钢铁工业

以提高产业发展质量为中心，以优化品种结构、加强节能减排、深化内部改革、推动兼并重组等为重点，依托马钢等重点企业，加强自主技术创新能力建设，突破制约安徽钢铁产业转型升级的关键核心技术和行业共性技术，弥补产业短板，加快产品结构升级换代，推动组建产业联盟，加快行业资源整合和淘汰落后产能，提高产业集中度，实现钢铁企业由生产经营型向生产服务型转变，优化延伸钢铁产业链，提高原料供应的稳定性和下游产品的配套率，延伸产业链和价值链，提高产业竞争力。

完善轨道交通用钢产品体系。巩固发展马钢客货车轮产品市场领先地位，大力开发车轴、轮对等高铁产品，打造火车轮轴系列产品的全球领军企业。以轮轴及轮对产品为主导，以特钢装备优势为支撑，在轮轴产业链上积极寻求战略合作者，大力研发轨道列车用齿轮、轴承、弹簧、制动盘、车厢板等相关零部件产品，为用户提供全套产品和服务。

做优板带产品。以冷板、热板、涂镀三大序列为主导，整合现有资源，推进板带研发、制造、营销一体化建设，做大做强板带板块。通过自主攻关和引进合作，逐步向中高端市场挺进。积极向下游行业延伸，扩大终端客户，重点开拓汽车板、家电板、酸洗板、硅钢等产品市场，扩大出口和区域市场。

做精长材产品。整合型材、线材和棒材现有产线，推进升级改造，努力打造精品长材制造基地。型材以热轧大 H 型钢为主导，重新树立和拓展 H 型钢产品竞争优势。同步推进中型材改造，做强工、槽、角等型钢产品，完善品种规格，打造高品质、低成本中型材竞争优势。

（三）有色金属工业

按照"需求牵引、延伸加工、循环发展、节能减排"的思路，以结构调整优化升级为主线，对接区域市场需求，推进供给侧结构性改革，推动企业降本增效，大力发展循环经济，做大做强传统有色工业，培育发展有色冶金新材料，加快构建国际知名、国内领先的有色工业产业集群。

延伸铜及铜制品产业链。优化调整铜冶炼产业结构，做强做优铜冶炼产业，提高铜产品深加工能力。以传统电线电缆为基础，以电网、铁路、新能源、通信、核电等电线电缆为发展重点，做强做大基础类电缆产品，做强做优高低温超导电缆、超微细电磁线及柔性耐火电缆等高新类产品。适度发展精密铜镍合金管棒材、高精度铜板带、高品质铜杆线等铜加工等产品，加快引线框架铜带、铜铝复合板带、铜钛合金板、高性能铜铬锆合金棒材、高速列车及电气化铁路所需的高性能专用铜材等高端产品开发和产业化。瞄准电子信息、家电用材需求，研发生产异型铜带、镀锡铜带、集成电路用引线框架铜合金带材、电子电气用高导纯铜板带材、新型铍铜合金材、压延电子铜箔、铜钯银合金键合引线等高性能、高精度、高附加值产品，促进传统铜产业向铜新材料产业延伸。

大力发展开发高性能轻合金材料。围绕汽车、家电、电子信息等产业的市场需求，积极发展轻质、高强、大规格、耐高温、耐腐蚀的铝、镁等高强轻合金材料，积极研发新型高强韧、低淬火敏感性铝合金预拉伸板；推进镁产业链向汽车、计算机、通信产品及消费类电子产品用材发展，研发生产镁合金材料的3C产品外壳和内部结构件、汽车应用零配件。

积极开发有色金属电子材料。围绕新一代信息技术产业的集成电路、功能元器件等领域需求，利用先进可靠技术，加快发展大尺寸硅单晶抛光片、超大规格高纯金属靶材、高功率微波/激光器件用衬底及封装材料、红外探测及成像材料、真空电子材料等，推动新一代微电子光电子功能材料、智能传感材料研发及产业化取得突破，提升高端有色金属电子材料供给水平。

（四）建材工业

以节能、节水、节土、保护环境、工业废渣综合利用为主线，以科技进步、技术创新为支撑，以现有企业改造和招商引资为基本途径，以水泥、平板玻璃、新型墙体材料、非金属矿制品、化学建材等为发展重点，坚持发展先进生产力与淘汰落后工艺技术相结合，在巩固水泥及其制品等传统建材产品优势的同时，积极发展新型建材，提高新型干法窑外分解水泥、新型墙体材料生产能力，以优质产品满足基础设施、重点工程和住宅产业现代化的需求，扶优扶强，支持大企业大集团的发展，鼓励省内企业与国内外大型企业开展合资合作和产品深加工，延伸产业链，建立起自主创新能力强、资源利用率高的新型建筑材料产业体系，全面提升建材工业发展质量和效益。

提升发展水泥产业。积极压减普通水泥产能，积极发展高强、高性能水泥及其制品，开发新型干法水泥工艺新技术、新型低碳水泥生产技术、先进节能减排技术、水泥窑协同处置成套技术与装备、开发海洋、核电、港口等重大工程建设用特种水泥。支持水泥熟料企业整合下游粉磨站、混凝土搅拌站、墙材企业，鼓励产业链延伸。

优化发展平板玻璃。开发和提升平板玻璃节能窑炉新技术，力争新型节能浮法玻璃窑炉、熔制过程能源高效利用与燃烧新技术开发取得重要突破。开发太阳能光热发电玻璃、超薄基板玻璃、低辐射镀膜玻璃、防火玻璃、石英玻璃等新型、特种功能玻璃先进生产技术和成套装备。

积极发展新型墙体材料。推进墙体材料绿色化，发展轻质、高强、耐久、自保温、部品化产品；开发和推广节能烧结砌块产业化技术和自保温砌块等烧结类产品；发展加气混凝土砌块、防水防腐保温复合一体化装配式建筑内墙和外墙板材等非烧结类产品，以及岩棉等不燃型保温隔热材料及制品，防燃型屋面保温材料等本质安全、节能、绿色的保温材料。

适度发展非金属矿制品。以非金属矿精深加工为重点，加大凹凸棒粘土、膨润土、高岭土、碳酸钙等矿物在选矿提纯、超细加工、表面改性等方面技术攻关和引进力度，大力发展基于非金属矿物，用于节能防火、填充涂敷、环保治理等工程的材料及制品。

做强做优化学建材产业。开发长寿命、低渗漏、免维护的高分子材料和复合材料管材、管件及高分子防水卷材、防水密封胶、热反射涂料和热反射膜。发展水性、粉末和高固体份等低挥发性有机物（VOCs）的绿色涂料、密封材料、建筑胶黏剂等产品。

（五）化工产业

利用两淮煤炭、滁州盐矿及淮河、长江两大水系资源条件，以石油化工、煤化工、盐化工、生物化工、精细化工为重点，加快建设安庆石油化工基地、淮南煤化工基地、定远盐化工基地、淮北临涣新型煤化工合成材料基地四大新型化工产业基地，推动新型化工产业一体化、集群化、循环化、安全化发展。瞄准国际新技术、新工艺，高起点开发引进国内外新型化工先进技术和装备，争取在节水、节能和生产工艺等方面取得重大技术突破。加快新型化工产业纵向延伸，提高资源就地加工转化增值水平，推动传统化工产业向精细化工产业延伸发展。加快石油化工、煤化工、盐化工和生物化工、精细化工产业耦合发展，推动新型化工与装备制造、轻工、纺织、建材、新材料等产业融合发展，进一步丰富终端产品品种，打造特色鲜明、具有较强竞争力的现代化工产业体系。

石油化工产业。以安庆石化千万吨炼油工程为依托，应用新技术和先进工艺，拓宽烯烃原料路线，优化原料结构。延伸发展聚乙烯、乙丙橡胶、乙二醇、合成润滑油、丁二烯等产品。芳烃及重芳烃衍生物为基础原料，大力发展石化"三剂"（催化剂、溶剂、添加剂）、化工中间体等化工产品。依托资源优势和产业基础，重点发展炼化催化剂、现代煤化工催化剂、石油助剂、炼油助剂、塑料助剂、橡胶助剂等中高端精细化工产品。

煤化工产业。立足煤炭资源本地化，突破煤炭气化技术瓶颈，稳步推进中安联合煤化公司等煤制甲醇及烯烃、煤制乙二醇、煤制天然气等现代煤化工示范工程建设；积极开发煤焦油及其下游合成材料产品；重点氮肥企业，立足现有产能，发展高效缓释复合肥料，延伸发展联醇、双氧水及下游化工产品。

盐化工产业。加快推进安徽华塑股份有限公司煤化盐化一体化二期工程建设。通过岩盐、煤炭和石灰石等资源的合理、高效利用及清洁转化，以盐化工为基础，发展氯碱深加工产业链、乙炔深加工产业链、氢深加工及精细化工产业链、硅氯氟产业链。积极推广金属阳极法烧碱的扩张阳极、改性隔膜、膜极距等节能改造技术，环保节能干法乙炔技术，氧阴极低槽电压离子膜法电解制烧碱技术和无汞触媒技术。

生物化工产业。依托中粮生物化学（安徽）股份有限公司国家级生物技术研究中心和丰原集团国家发酵工程研究技术中心，以先进的生物发酵和分离提取技术形成核心竞争力，着力打造和延伸生物化工产业链。大力发展生物农药、生物肥料、腐植酸肥料、非粮法乙醇、生物柴油、生物基高分子材料、新型酶制剂、高性能水处理剂、杀菌剂、生物填料等生物技术产品。

精细化工产业。以绿色化、功能化、高性能化、专用化和高附加值化为目标，以发展催化技术、过程强化技术、精细加工技术等为突破口，重点发展高性能、高附加值、绿色环保的医药中间体、农药中间体、橡塑助剂、涂料、香精香料、食品添加剂、电子化学品等特色精细化工产品，努力提高精细化工率和全省精细化工整体实力。

（六）家电工业

以节能、环保、低碳为重点，引导家电行业向内涵型方向发展，实现产业转型升级。实施名牌战略，依托安徽家电产业联盟，推广应用新材料、新技术、新工艺，提高家电产品的研发设计能力。鼓励家电产品升级换代，支持家电产品向智能化、网络化、多功能化方向发展。围绕压缩机、电机、模具设计、研发和生产制造，实现关键部件配套本地化和核心技术自主化。重点发展以互联网、物联网为基础的新型电冰箱、洗衣机、空调器、电视机、热水器、小家电等产品，培育配套产业支撑体系，提高集约集聚发展水平，推动产业向智能、绿色、健康方向发展。

电冰箱（柜），以无氟变频、除菌保鲜、多温区转换、智能云、物联网、太阳能混合能源、深冷速冻、厨房嵌入式（不锈钢）等冰箱（柜）为发展重点，研发智能控制、网络互连、矢量变频、无氟替代、绿色环保、除菌保鲜、深冷速冻、多温区变温、热交换、保温材料、太阳能混合能源利用等关键技术。

洗衣机，以变频节能节水、健康除菌洗干一体、无水除菌、大容量商用洗干一体、细分人群专业洗衣机等产品为发展重点，研发以高效变频静音电机和智能感知、节能节水、投放、多功能除菌、冷凝直排烘干等关键技术。

家用空调，以直流变频、无氟环保、智能物联、健康除菌、智能感温、空气净化和换新风等产品为发展重点，研发智能控制、网络互连、直流变频、热交换、绿色环保、无氟替代、太阳能光伏利用、除菌净化等关键技术。

中央空调，以变频多联、新能源（太阳能、地温、水源）、高效节能大型空调机组（离心机、螺杆机）等产品为发展重点，研发变频多联、新型冷媒替代、绿色环保、热交换、智能控制等关键技术和高效离心、高效螺杆、地（水）源热泵、空气源热泵等机组，提高核心技术掌控能力。

彩电，以大尺寸液晶模组和 ULED、4K（8K）高清、OLED、激光影院等电视产品为发展重点，研发有特色的智能电视操作系统、视频解码电路和新型显示材料等关键技术。

热水器，以太阳能、空气能和电热水器等产品为发展重点，研发以高效热能转化、保温、节能、防电、智能控制、网络化、绿色环保等为核心的关键技术。重点发展太阳能家电一体化、太阳能建筑一体化产品。

小家电，以豆浆机、榨汁机、电磁炉、吸排油烟机、电热锅、空气净化器、净水器、吸尘器、新兴小家电等产品为发展重点，提升行业整体工业设计（包括实用、美观、节能、环保和人性化等）水平和质量稳定性，积极开发原创产品。

智能家电（智能家居），以互联网/物联网技术、传感/控制器技术、人机交互技术、数据安全（加密）、大数据分析应用技术的开发为重点，提高产品的互连通用性，提升用户的便捷舒适度，引领和创造用户新需求。

（七）纺织服装产业

发挥化纤、棉纺、织造、染整、服装、纺机产业链优势，着眼技术改造、装备升级、品牌质量提升，应用新技术、新工艺、新材料，着力发展功能性差别化纤维、高档面料、高性能产业用纺织品等，加快绿色制造，落实印染、粘胶纤维行业准入政策，引导企业淘汰和改造效率低下、消耗高、污染严重装备，推广应用绿色环保、资源循环利用及节能减排先进技术和装备，推进产业转型升级。

服装，加快行业升级和品牌创新，由品牌加工向自主品牌转变。重点加强西服、高档色织衬衫、牛仔系列服装、时装、职业装、针织服装、休闲运动装和童装等，加快面辅料的配套发展。

家用纺织品，加大弱捻纱巾被产品、一浴多色节能环保毛巾技术的推广力度，提高织造水平和染色牢度；积极发展系列化床上用品，加大各种超仿真、差别化、功能性和生物基纤维材料等高科技家纺产品的开发应用力度。

产业用纺织品，加强复合技术、功能性整理技术、整体成型等技术的开发和应用，重点发展聚四氟乙烯膜复合面料、高模低缩型聚酯纤维帘子布、纺粘—熔喷多重复合无纺布、医疗卫生用材、整体带芯、特种高强低伸聚酯传动带、高强缆绳、特殊装饰用纺织品、新型蓬盖材料、土工高强纺织材料、环保过滤用纺织材料、高性能增强复合材料；加快生物质纤维产业化进程，打造生物质纤维在功能性服装、产业用纺织品和日用医用卫生材料的产业链条。

五、安徽省传统产业转型升级的投资机会

（一）传统产业创新驱动转型过程中的投资机会

从要素和投资驱动转向创新驱动是安徽传统产业摆脱产业技术瓶颈制约、弥

补产业链短板和关键环节的重要途径。在这一转变过程中，必然加大研发投入力度，加快研发平台建设、加快科技成果的转化和产业化进程。在这个过程中，投资机会将会出现在：第一，关键核心技术和行业共性技术研发领域。可以重点关注造纸行业生物质能源生产技术，冶金与煤电工业固废全产业链协同利用关键技术，高效、绿色钢铁制造流程技术、钢铁定制化智能制造关键技术、钢材高效轧制技术、氧气底吹连续炼铜技术，水泥生产智能化操作与控制优化技术，干喷湿法纺高性能碳纤维技术、印染全流程智能化技术，电冰箱用高效直线压缩机及其控制技术等。第二，创新平台建设领域。社会资本可与国家、省市有关产业投资基金共建技术创新公共平台，并争取国家和安徽省政府有关政策支持。

（二）传统产业的智能化改造升级过程中的投资机会

安徽传统产业转型升级的重要路径和方向之一是对传统产业实施智能化改造升级。2019 年国务院政府工作报告提出，要全面推进"互联网＋"，运用数字化、网络化、智能化新技术新模式改造传统产业。可以说，打造工业互联网平台，拓展"智能＋"，为传统产业转型升级赋能，意味着在未来传统产业的转型升级的过程中会有更多的政策倾斜，也就意味着有更多的机会。这些投资机会主要集中在以下几个方面：第一类是传统工厂转型成智能工厂；第二类是为传统制造企业提供智能工厂顶层设计、转型路径图、软硬件一体化实施的工业智能化解决方案领域；第三类是技术供应商，包括工业物联网、工业网络安全、工业大数据、云计算平台、MES 系统等。

（三）传统产业开放性发展过程中的投资机会

开放性发展是安徽传统产业转型升级的重要路径。在这个过程中，投资机会可能出现以下几个领域：第一，安徽在长三角的产业互动和协同发展过程的投资机会；第二，安徽在承接国内外产业转移过程中的投资机会；第三，在"一带一路"倡议下安徽传统制造业"走出去"开展对外贸易、对外投资和国际产能合作带来的投资机会。

（四）传统产业低碳化改造过程中的投资机会

加快低碳化改造升级是安徽传统产业转型升级的重要方向与途径。在这个过程中，投资机会将主要集中在以下几个方面：第一，绿色低碳技术研发推广领域，可重点关注传统产业的先进节能环保技术、清洁生产技术研发、推广、应用；第二，传统产业绿色低碳车间、绿色低碳工厂、绿色低碳园区、绿色低碳产业链的建设；第三，全生命周期绿色钢材、绿色铜材、绿色铝材、绿色水泥、绿色家电、绿色服装等产品的研发生产。

（五）传统产业"僵尸企业"处置过程中的投资机会

在产能过剩比较严重的煤炭、钢铁、有色、建材等传统产业普遍存在一些盈利能力不能覆盖贷款利息甚至资不抵债的"僵尸企业"。妥善处置好这些"僵尸企业"将成为安徽传统产业转型升级顺利实施的关键。妥善处置"僵尸企业"将成为未来安徽省传统产业转型升级的主要抓手之一。在"僵尸企业"处置过程中，投资机会将主要出现在以下三个方面：

第一，在高负债的"僵尸企业"债务重组过程中，社会资本与地方政府通过联合成立重组引导基金等方式，对"僵尸企业"进行注资，同时引入外部优秀的战略投资者，为企业的发展及改制提供支持。

第二，在运营效率低的"僵尸企业"的兼并重组过程中，社会资本与地方政府联合设立并购基金或搭建并购交易平台，通过向"僵尸企业"注入资本，降低企业的负债成本，改变企业管理运营模式，提升企业运营效率。

第三，通过与地方资产管理公司联手组建合资企业，对"僵尸企业"进行重组或清算，获取重组或清算的收益。

第四章　安徽省新增长动能培育和重点选择

　　新动能是新工业革命中形成的经济社会发展新动力，包括新的技术、新的产业、新的业态和新的发展模式。新动能是一个相对概念，也是动态概念，旧动能经过升级改造可以变成新动能，新动能随着时代发展、技术革新也会衰落成旧动能。安徽省新增长动能的培育既要加快传统优势的转化和升级，也要不断培育全新的产业和业态，更重要的是，要根据自身条件和基础选择特定的方向，突出特色、找准方向，避免"低水平"和"同质化"发展新动能。

一、新工业革命催生新增长动能

　　新工业革命在全球方兴未艾，其根本原因在于新一轮科技革命蓬勃兴起。信息技术指数级增长、数字化网络化普及应用、人工智能技术战略突破和集成式智能化创新的同时，制度创新和业态创新同步推进，形成了金融危机之后世界经济低迷阴霾下的新增长动力。面对技术和市场机遇，世界各国都在加强对新动能产业的培育支持，努力构建新工业革命背景下的产业竞争力，并在未来全球产业分工格局中占据高地。

（一）主导技术和主导产业日趋明确

全球技术创新的重点领域是新一代信息技术，包括大数据、云计算、物联网、移动互联网、人工智能、3D 打印、虚拟现实、量子计算等方面。从全球著名科技服务公司科睿唯安发布的研究中发现，作为通用技术的信息技术仍是创新成果最为丰硕的领域，在目前每年 50 万项发明活动中，信息技术占到 1/3 左右，且近几年比例呈上升趋势。在信息技术领域中，计算机是最活跃的子领域，其年发明专利占整个信息技术领域的约 80%，近年来，大数据、云计算、人工智能、物联网是信息技术领域研发投入集中的领域。除了信息技术，其他领域的科研和创新也进入了新的阶段，很多在过去停留在理论研究或实验室论证阶段的新技术、新工艺也开始了产业化和商业化的应用。全球创新活动行业分布如图 4 - 1 所示，新工业革命前沿技术如表 4 - 1 所示。

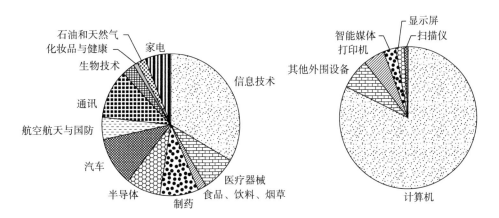

图 4 - 1 全球创新活动行业分布

资料来源：中国科学院、Clarivate Analytics《2019 研究前沿热度指数》。

表 4 - 1 新工业革命前沿技术

前沿技术领域	研究热点
农业、植物学和动物学	基因农业、病虫害防治、免疫力
生态和环境科学	污染物处理、回收技术、环境监测、生物能源
地球科学	高分辨率遥感、气候变迁、地震研究

前沿技术领域	研究热点
生物科学和临床医学	肿瘤研究和治疗、心脑血病治疗、基因检测和治疗、疾病早期监测、机器手术
化学与材料科学	纳米技术、新一代催化剂、能源转换材料、有机化合物、高分子材料
物理学和天文学	核物理、量子物理、实验技术、引力波与黑洞、暗物质、空间探测器、空间望远镜
数学、计算机与工程学	人工智能、传感器、5G、流体力学、电磁学、自动化、超级计算机
经济学、心理学和其他社会科学	数字经济、平台经济、共享经济、能源经济

资料来源：中国科学院、Clarivate Analytics《2019 研究前沿报告》。

每一次工业革命都会在主导技术进步的带动下形成新的主导产业，并形成新的生产关系和经济发展方式。在第一次工业革命中，蒸汽机技术是主导技术，纺织业是主导产业；在第二次工业革命中，内燃机、发电机、电机是主导技术，化工、钢铁、汽车是主导产业。当前正在经历的新工业革命，其"数字化"和"智能化"的技术特征，以及"大规模定制"的生产组织特征将对制造业的全球分工格局产生巨大影响。生产制造的快速成型、新材料复合化纳米化、生产系统数字化智能化将带来生产技术、工艺的巨大变革；生产方式将实现由大规模生产向大规模定制、由刚性生产系统向可重构制造系统、由工厂化生产向社会化生产的转变；生产组织也将向边界模糊化、组织网络化、集群虚拟化的方向发展，新能源、新材料、数字经济相关产业竟成为新工业革命时期新的主导产业（见表4-2）。

表4-2 不同历史时期工业化的主要标志

工业革命工业化的标志	第一次工业革命	第二次工业革命	新工业革命
主导技术与工艺	蒸汽机	内燃机、发电机、电机	快速成型技术、工业机器人
生产组织方式	工厂制	流水线	无人工厂、社会化生产、众包等
主要能源和用能方式	蒸汽能	电力、集中发电	清洁能源、分布式电站
新材料	熟铁	钢铁	复合材料、纳米材料
主要交通工具和通信手段	蒸汽机车、邮政	汽车、飞机、轮船；电报、电话	新能源汽车、信息网络

续表

工业革命工业化的标志	第一次工业革命	第二次工业革命	新工业革命
主导产业	纺织业	石化工业、钢铁工业、汽车工业	数字产业、新能源、新材料
核心竞争力	工业技术和经济制度	廉价劳动力	用户资源、快速响应、大数据
贸易形式	殖民地贸易	自由贸易	自由贸易
发展方式	掠夺基础上的粗放式发展	高耗能高污染的粗放式发展	质量型发展

（二）大国战略博弈，重塑全球竞争格局

从国际金融危机发生以来，发达国家在系统总结反思虚拟经济过度发展造成危害的基础上，开始强化对高技术产业和实体经济发展的引导和支持，将实体经济的振兴作为恢复本国经济的重大举措，并列入国家发展战略。例如，美国推出的《先进制造业国家战略计划》、德国推出的《2020 高科技战略》（其中包含《工业 4.0 计划》）、日本推出的《日本重振战略》、英国制定的《2050 年英国制造业发展长期战略》、韩国推出的《制造业创新 3.0 战略》，其中，德国和美国的战略调整最具代表性（见表 4-3）。新兴领域的战略性布局是形成未来产业竞争力的重要保障，发达国家纷纷调整经济和产业发展思路，积极扶持以制造业为主的实体经济部门发展，缓解经济下滑和失业率上升的压力，更重要的是通过战略布局符合自身技术和市场特征的新兴领域，抢占未来产业竞争的制高点。

表 4-3 主要发达国家战略性布局产业

国家	战略布局产业	战略出处和时间
美国	复合材料、生物制造、替代能源、机器人	《先进制造伙伴计划》（2011 年） 《国家先进制造计划》（2012 年） 《国家制造创新网络》（2012 年）
德国	气候/能源、保健/粮食、信息通信、交通、安全	《2020 高科技战略》（2010 年） 《工业 4.0 计划》（2013 年）

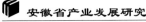

国家	战略布局产业	战略出处和时间
英国	信息通信、新材料、气候环境、服务制造	《英国工业 2050 战略》（2011 年）
日本	医疗健康、新能源、节能环保、下一代电子工程、防灾、海洋产业	《新增长战略》（2010 年） 《日本再生战略》（2012 年） 《日本重振战略》（2013 年）
韩国	无人机、智能汽车、机器人、智能可穿戴设备、智能医疗等 13 个新兴动力产业	《制造业创新 3.0 战略实施方案》（2015 年）

无论是出于推动本国技术变革并继续抢占制高点的目的，还是基于拓展新兴市场的考虑，美、德等国的"工业互联网""工业 4.0"战略都对我国经济特别是制造业可持续发展带来巨大压力。我国长期处于制造业产业链的低端，在信息化应用上，我国近年来发展较快的技术应用往往集中在消费端，在工业层面的应用如先进工业设备和技术等相对西方国家差距较大。我国需大幅度提高生产效率从而实现弯道超车，从而越过发达经济体所经过的部分发展阶段。如若不能迅速实现转型升级而错失技术进步及产业变革的机遇，中国将可能继续在国际竞争中处于劣势。

（三）国内各地加速布局发展新动能

如果说，中国错过了前几次工业革命的机遇需要在之后进行补课的话，那么中国已经具备融入新一轮工业革命的条件。新一轮科技革命和产业变革不断深入，互联网已经渗透到各个产业领域，新一代互联网新技术与各个产业领域的融合催生出一系列新的产业形态，围绕这些领域，各地都在加快推动创新，积极布局新经济，促进新旧动能转换。在国家战略引导下，各地区将信息技术、高端装备制造、新材料、生物、新能源汽车、能源新技术、节能环保列入重点发展产业。例如，"十三五"期间，30 个省域发展信息技术产业、新材料产业和生物产业；29 个省域发展高端装备制造业和节能环保产业；28 个省域发展新能源汽车产业，26 个省域发展能源新技术产业。数字创意产业作为 2016 年《"十三五"

国家战略性新兴产业发展规划》新的重点领域，16 个省域将其列入战略性新兴产业中的重点发展产业。

二、安徽省培育新动能的基础

在新工业革命浪潮中，无论是企业还是国家或者一个地区产业竞争力的基石发生了变化：首先，客户需求的快速响应成为竞争焦点，当差异化和低成本制造方式得以共同实现时，根据不同需求推行快速交货、保障高质量、低成本和重环保的市场供应便成为影响竞争优势的关键性因素。其次，知识型员工成为核心竞争资源，从事普通劳动力人数将大幅减少，而剩余的劳动力则需要成为机器维护员、软件的设计者，或通过操纵智能软件管理机器人完成生产任务，对客户需求的快速响应也要求劳动力有良好的设计能力与创意。最后，设计制造的区域分工转向一体化，机器人的普及将使劳动力占比不断减少，原有一些以组装为重点、强调廉价劳动力的生产区域将会因此失去竞争优势；相反，为了贴近客户即时回应需求，设计人员和生产人员将会趋向集中同一区域实现零距离互动，从而彻底改变现有的产业区域分工与布局。近年来，安徽省大力推进创新驱动、提升发展质量、推动优势产业转型升级、培育新兴产业和业态，不断夯实新动能培育的基础。

创新型省份建设成绩斐然。党的十八大以来，安徽省深入实施创新驱动发展战略，科技创新能力和科技成果转化水平显著提升，区域创新能力稳居全国第一方阵。到 2018 年，全省有各类专业技术人员 230.7 万人、科研机构 6018 个、研发人员 24.4 万人，分别较 2012 年增长了 47.9 万人、3927 个、9.9 万人，增速在全国领先；全年研究与实验开发经费支出 630 亿元，占全省 GDP 的 2.1%，比2012 年增长了 355 亿元，提高了 0.5 个百分点；全年登记科技成果 8213 项，受理申请专利 20.7 万件，分别较 2012 年增长了 7335 项、13.2 万件。以 2017 年合肥综合性国家科学中心获批为代表，安徽省在全国技术创新的地位不断提升，取得一系列重大科技研究成果并实现了产业化：量子信息、热核聚变、稳态强磁场、铁基超导等前沿技术率先突破，全球首颗量子通信卫星"墨子号"、全球首台量子计算机由中科大主导研制，全球最薄触控玻璃实现量产，液晶显示全球最高世代线建成投产，科大讯飞智能语音入列国家人工智能四大开放创新平台，合肥微尺度物质科学国家研究中心获批建设，全国首家智慧医院挂牌运营，聚变堆主机关键系统综合研究设施启动建设，中国科大全球首次实现18个光量子比特纠缠，国内首款完全自主知识产权的量子计算机控制系统在合肥诞生，全超导托卡马克装置首次实现等离子体电子温度1亿度，业界实际运算性能最高的数字信号处理器——"魂芯二号A"研制成功，世界唯一让机器达到真人说话水平的语音合成系统在科大讯飞实现。

人才培养和创新平台条件不断改善。到2018年底，安徽省拥有普通高校110所，普通本专科在校生113.9万人；研究生培养单位21个，在学研究生63464人。大学的数量和在校学生规模在全国处于中上游水平。各类中等职业教育（不含技工学校）344所，在校生75.3万人。安徽省各类创新平台建设也取得较快发展，到2018年底，全省有国家大科学工程5个、国家重点（工程）实验室26个、国家级重点实验室工程（技术）研究中心39家；国家级高新技术产业开发区6个；高新技术企业5403家；国家质量监督检验中心26个；产品质量、体系认证机构26个，累计完成强制性产品认证的企业1678个；法定计量技术机构210个。

区域高端市场潜力巨大。安徽省地处我国最具经济活力的长江中下游地区，是长江三角洲城市群的组成部分。近年来，安徽省深度融入国家区域总体战略，"一圈两带三区"联动发展机制加快构建，长三角区域更高质量一体化发展加速推动，交通基础设施条件不断改善，港口群协同发展、异地就医门诊费用直接结算试点等工作顺利推进。长三角地区本地消费规模大，能力强。根据测算，这一地区人口超过1.5亿，自然形成巨大的消费市场。长三角地区也是中国最富裕的地区之一，2018年，上海、江苏、浙江位居全国第二、第四、第五，在城市排名中，上海、无锡、苏州、南京、常州、杭州进入全国前十。人均 GDP 高，高收入人群比重大，对新兴产品高价格的承担能力强。人口受教育程度高，市民素质高，使区域市场消费者对产品科技含量、环保水平、使用效果有更高的要求，同时，接受新产品、新业态的速度更快，也更能够通过各种方式协助企业改进产品质量、完善产品功能。长三角地区还是著名的旅游目的地，普通游客和商务游客也是本地消费的重要组成部分。人口基数大、人均收入高、人口素质高、外地消费者多，这使区域市场消费不仅规模大，且消费能力也很强，具有领导型消费群体的特征。

新兴产业发展加速。近年来，安徽省新兴产业重大基地、重大工程、重大专项建设全面展开，到 2018 年，全省高新技术产业增加值、战略性新兴产业产值分别增长 13.9% 和 16.3%，战略性新兴产业产值占规模以上工业比重达 29.4%，人工智能、机器人、新能源汽车、智能家电、新型显示、航空等新兴产业已初具规模，其中，智能语音产业占到国内主流语音市场的 70%；机器人为代表的智能装备产业规模和技术水平在国内处于第一发展方阵，工业机器人产量突破 1 万台；新能源汽车整车制造和研发水平位居全国前列，2018 年新能源汽车产销量突破 12 万辆、占全国 13%；以新型显示、集成电路、微机电系统制造、电子新材、专用设备为代表的现代化电子信息产业链条的完善程度在全国领先，世界最薄 0.12 毫米电子触控玻璃成功下线，维信诺第六代柔性显示器生产线开工建设。

数字经济发展取得初步成效。近年来，安徽省先后出台支持数字经济、机器人、集成电路、现代医疗医药等产业发展政策，实施新一代人工智能发展、中国声谷建设、新材料产业发展等规划。合肥智能语音入选国家先进制造业集群培育试点，"数字江淮"中心挂牌运行，1500 多个企业实施"皖企登云"计划，"智慧+"应用试点示范向多领域拓展，合肥、芜湖、马鞍山市入选数字经济百强城市。

当然，安徽省新动能培育和发展仍然面临一系列短板和制约：新兴产业部门规模偏小，与江苏、浙江、湖北等周边地区新兴主导产业的规模还存在一定差距，地区发展不平衡，合肥、芜湖、马南山等地区新动能培育较为超前，而六安、宣城、宿州等地区发展比较滞后，表现出不均衡的特点；领军型企业不突出，产业链延伸不足，对当地配套和相关产业发展的带动性不强，没有形成产业体系；整体技术水平与国内先进技术水平仍然存在差距，存在明显的技术短板；体制机制建设还不到位，配套服务和激励政策还有空白，国家和省级政策在地方难以落实，对代表性新兴产业和业态的支持不够聚焦，力度不够，金融业与科技的融合还有待深化；知识型和技能型工人供给不足，新兴产业发展人力资源支撑不力（见表4－4）。

表4－4　2017年安徽省主要技术创新指标与江浙沪及全国比较

	安徽	上海	江苏	浙江	全国
万人R&D人员（人/万人）	36.49	108.48	93.94	98.74	44.70
R&D投入强度（%）	1.32	2.81	2.07	1.78	1.71
企业R&D经费内部支出占主营业务收入之比（%）	1.01	1.42	1.23	1.54	1.06
有研发机构的企业占比（%）	21.01	68.43	42.97	25.37	18.95
有R&D活动的企业占比（%）	24.87	25.33	42.55	38.84	27.42
万人发明专利申请量（项/万人）	14.95	22.59	23.29	17.50	8.96

资料来源：《中国科技统计年鉴2018》。

三、安徽省新增长动能的作用和定位

新工业革命能够充分挖掘安徽省在科技创新、先进制造、生产性服务业以及区域高端市场等方面的资源，积极迎接新工业革命，大力发展先进制造业和现代服务业，促进制造业与服务业的深度融合，大力促进新一代信息技术在各类产业中的应用和应用场景创新，推动新型社会管理的发展，这些都将形成安徽省新的增长动能，提高发展质量。

（一）新动能在安徽省经济社会发展中的作用

新动能是省域经济增长和社会发展的重要引擎。在安徽省产业结构中，能源、食品、纺织、家电等传统产业的比重较大。在全球经济进入下行周期、美国等发达国家加大贸易保护、中国经济进入"新常态"环境下，传统产业发展阻力大、约束多、增长乏力。以新兴产业和新兴业态为代表的新增长动能代表新工业革命的发展方向，潜力巨大。新动能减少经济社会运行中能源、劳动力等传统要素的投入，对生态、环境的影响小，但对先进设备、信息网络、创新能力和高素质人才有更高的要求，可以弥补制造业等产业传统要素成本不断攀高的问题。通过重点发展关键核心电子元器件、新能源汽车、智能家电、智能装备等先进制造业，人工智能语音识别等现代服务业，以及智能化的新型社会管理，转化新技术成果、对接新市场行业需求，这是安徽经济保持中高增速，社会持续发展的重要牵引力。

新动能是科技成果转化的重要载体。依托中科大等国内一流人才培养和科研机构，安徽省科技资源、创新资源较为丰富，但由于当地缺乏产业化的条件和基础，或者市场尚未出现，一段时期安徽科研成果在本地转化的较少，创新优势没有转化为产业优势。近年来，以语音识别和量子科技为代表，安徽省科技成果本地转化开启新的局面，新动能的培育将不断促进安徽省科技优势的本地转化。首先，科技革命中技术进步步伐加快，一大批技术和工艺不再停留在实验室阶段，能够实现大规模的产业化和商业化应用，创造经济价值；其次，数字化和增材制造等技术使设计出的产品能够很快被生产出来，创意能够直接转化为产品，研发与生产之间的界限变得模糊，创新成果可以即时就地转化；最后，安徽省在区位上临近长三角，能够很好对接高端的追求个性化需求的用户。为满足个性化定制需求而生的先进制造要求制造商能够更快地适应当地市场需求的变化，生产布局由原来选择最低成本地区转变为能够快速响应需求变化的本地化生产，安徽区位优势将更加显著。

新动能是实现高质量发展的重要抓手。改造传统产业、发展新兴产业、抢占未来产业的制高点已经成为全国上下的共识，也是安徽省破解制约经济社会发展的突出问题和应对国内外激烈竞争，实现高质量发展的重要手段。新动能产业代表了产业发展和市场需求的方向，具有巨大的发展潜力，对于地方经济具有战略意义，能够提高要素的产出效率和效益，破解当前主要发展矛盾，因此新动能产业是现代经济体系的支柱。

（二）安徽省在全国新兴动能中的定位

长三角发达地区新型生产方式与对接新消费模式的开拓者。新工业革命不仅是技术的变革，同时是生产方式和消费模式的变革。通过推动先进制造业的发展，安徽省能够在二三产业融合、研发与制造融合等方面具有较好的基础和条件。同时，长三角地区作为我国经济最发达的地区之一，也是新兴市场率先出现和增长的地区，安徽省发挥自身在劳动力供给、制造业基础和技术研发资源上的优势，依靠地域接近的区位条件，率先对接新兴市场，满足新消费模式的需求。

长江经济带新动能体系的重要组成部分。从世界范围看，发达国家拥有先进的技术、高素质的人才、高收入和追求个性化的消费者，因此成为新工业革命的策源地。从国内来看，长江经济带产业体系完备、技术资源丰富，具备成为新工业革命国内策源地的必要条件，能够承担起引领全国新旧动能转换重任。安徽省通过率先推进人工智能、先进制造等新科技成果的产业化，培育发展关键电子元器件、智能家电、语音识别等新兴产业，发展新型社会管理模式，将成为长江经济带新工业革命中新动能体系的重要组成部分。

全国智能制造和人工智能应用的先行者。利用在制造业、技术研发、临近高端市场的优势，安徽省应依托优势产业，在智能制造相关设备和技术应用上先行先试，重点在工业机器人制造和应用、智能化工业软件领域加大研发投入，力争取得重大突破，实现全国领先；在家电、汽车、装备三个领域率先实施智能化改造，适应新兴市场需求，巩固优势地位。同时，围绕语音识别，创新应用场景，培育和形成产业链、产业体系，带动双创发展，成为国内人工智能技术产业化和应用开发的高地之一。

四、安徽省新增长动能的投资重点

根据安徽省新动能发展的定位、思路和方向，结合国内外新兴产业、新兴业态发展的趋势，以及自身优势，安徽省新增长动能要重点培育先进制造业、现代服务业和智能社会管理式三个重点投资领域（见表4–5）。需要明确的是，受经济体量的限制，安徽省没有条件也没有必要在每个投资领域都布局全产业链，而是要根据自身优势和产业发展态势选择最具有市场和技术前景也最符合安徽省优势和条件的环节进行重点支持。

表4–5　安徽省新增长动能投资重点

新增长动能板块	重点产业	投资重点
先进制造业板块	关键电子元器件	芯片和集成电路 传感器 显示屏
	新能源汽车和新一代汽车电子	新能源整车 新能源汽车关键零部件 车载雷达 无人驾驶系统
	智能可穿戴设备和智能家电	语音识别可穿戴设备 专用智能可穿戴设备 互联网家电
	智能装备和器械	工业机器人 智能环保设备 智能医疗器械
现代服务业板块	智能语音识别及应用开发	智能语音识别 个人语音识别应用开发 商用语音识别应用开发
	家电行业智能制造整体解决方案	数字工厂 工业以太网 智慧供应链

续表

新增长动能板块	重点产业	投资重点
智能社会管理	智能交通系统	智能交通设施 智能交通服务 智能交通监管
	智慧医疗体系	医院信息化 区域医疗信息化 健康管理信息化
	智慧城市系统	智慧公共服务 智慧园区 智慧政务 智慧安居 智慧教育

（一）先进制造业

先进制造业是制造业不断应用最新信息、机械、材料技术和现代管理方法、新兴业态实现制造业的信息化、自动化、智能化、柔性化、生态化生产，取得很好经济收益和市场效果的制造业总称。在一个区域范围内，由相关先进制造业组成的产业体系是先进制造体系。当前，我国制造业面临转型升级的巨大压力，这有国际贸易和分工环境变化的客观原因，也有我国发展阶段变化的主观原因。为了加快制造业的转型升级，国内很多地区都在加强在先进制造业领域的投资力度，客观上加快了要素向先进制造业的聚集，但同时也暴露出一些问题。由于缺少客观的分析，盲目跟风投资的现象普遍存在，"高端的过剩""先进的过剩"风险加大。安徽省在培育先进制造体系上必须在方向选择和投资重点选择上有所聚焦，将优质资源集中于最符合安徽省基础和条件的关键电子信息元器件、自主品牌汽车和汽车电子、智能终端和智能家电、智能装备四个领域。

1. 关键电子元器件

芯片和集成电路、传感器、显示屏等关键电子元器件是电子信息产业价值链的顶端，同时也是新工业革命中各类新型产业发展、新产品开发、新功能实现所必须依赖的基础产业。自 20 世纪 80 年代以来，全球电子信息产业国际分工格局发生巨变，以中国为代表的发展中国家利用国际产业转移构建了规模巨大的电子信息制造业，成为国际分工重要组成部分，但在关键元器件上仍然与世界领先水平存在巨大技术鸿沟，中国作为全球较大的电子信息制造国，自 2014 年起每年进口集成电路总额都超过 2000 亿美元。无论是应对当前中美贸易摩擦、发达国家对我国电子信息技术的封锁冲击和挑战，还是我国电子信息产业自身升级发展都需要加大对关键电子元器件技术、产业和市场的支持力度。

安徽芯片产业规模和技术水平在处于全国领先地位，并初步形成了从设计、制造、封装和测试、材料和设备较为完整的产业链，主要产品涉及存储、显示驱动、汽车电子、视频监控、微处理器等领域，合肥是我国芯片产业高端要素最聚集的城市之一。按照《安徽省半导体产业发展规划（2018—2021 年)》的总体要求，将在未来三年重点以合肥为核心，以蚌埠、滁州、芜湖、铜陵、池州等城市为主体的半导体产业发展格局中，面板驱动芯片、家电核心芯片和汽车电子芯片是重点发展的细分产业，人工智能芯片是重点需要突破的新兴板块。围绕芯片的设计、制造和封装，与安徽省其他优势产业融合发展，自主技术、品牌芯片在下游的应用也将形成若干投资热点，如工业、汽车、通信和消费领域相关智能产品发展与上游芯片产业的融合发展等。

传感装置、信息采集装置、嵌入式物联网模块是实现智能制造的重要元器件和组件。作为信息采集的主要手段，智能传感器在智能制造系统中扮演重要角色，因此"工业 4.0"将发展智能传感器作为重点内容。安徽省政府和相关企业已经在 MEMS 传感器等领域明确发展重点，随着传感器正处在传统型向新型智能化的转型升级阶段，安徽省应在优势制造业部门积极采用微型化、数字化、智能化、多功能化、系统化、网络化新型智能传感器。通过智能传感器的使用，为智能制造的其他环节提供数据支持，同时在家电、冶金、汽车等传统优势产业领域积极构建工业大数据，并在未来的智能化改造中有能力率先推出标准。

目前，我国大陆地区只有三条 10.5 代液晶面板产线，合肥京东方拥有其中一条。2018 年，合肥京东方 10.5 代液晶面板产线产能和良率爬坡顺利，相应的配套体系基本构件完毕。同时，6 代 AMOLED 项目、8.6 代液晶显示面板项目、国内首条自主研发 8.5 代显示玻璃基板项目等一批重点显示屏产业项目顺利推进，安徽省正在成为全球重要的显示器生产基地。显示技术和应用正在经历变革期，从国内外行业分析和各大主要应用企业的选择看，大尺寸显示要求的 OLED、满足 VR/AR/MR 等新市场应用显示的 Micro－OLED 具有较好的发展前景，这也是未来安徽显示屏产业发展重要的两个投资方向。

2. 新能源汽车和新一代汽车电子

我国是全球汽车产量和销量排名第一的国家，近年来受传统市场饱和、全球经济下行的影响，汽车产业增速有所回落，但无论是与发达国家汽车保有量比较还是从我国自身汽车供需进行判断，汽车产业仍然还有很大发展空间，随着国内汽车消费的升级和国外新兴汽车需求市场的出现都会为我国汽车产业的发展创造市场需求。2018 年，安徽省汽车差量 82.43 万辆，但与 2017 年比较产量下降了近 1/3，排名也从第 7 下滑至第 14。虽然增长在 2018 年急剧下滑，但从总体上看安徽省在我国汽车产业布局中处于第二梯队，具有较好的产业基础和较为显著的优势，仍然是安徽省重要的增长动力产业，但其现在面临巨大的转型升级压力。近年来，新能源化和数字智能化是汽车产业发展的两大趋势，顺应这两大趋势，安徽省汽车产业要重点支持自主新能源汽车和汽车智能终端的发展。

安徽省是国内较早全面实施对新能源汽车创新、产业发展、市场推广支持的省份，2018 年全省新能源汽车产量和销量分别为 15.8 万辆和 15.7 万辆，同比增长 30% 和 40%，产销量均占到全国比重的约 12.4%，新能源汽车销量占到全省汽车销量的 17%，远高于全国 4.6% 的平均水平，合肥成为全国新能源汽车销量排名前三的城市。汽车产业是安徽省重要的支柱产业，安徽也是新能源汽车发展较为超前的省份，无论是政府还是企业都会继续加大对新能源汽车产业发展的支持力度，并以此带动电子信息、新材料等相关产业的发展。除了整车制造，新能源汽车产业链中的其他环节也具有投资前景。例如，新能源汽车维修保养、充电桩的生产和经营、共享租赁汽车，使用新能源汽车的物流快递产业，以新能源汽车为主的公共交通系统等。

无人驾驶是汽车技术发展的大趋势，汽车传感器是实现无人驾驶的重要硬件。我国目前车载传感器年产量超过 1 亿只，年均复合增长率超过 20%，但满足无人驾驶要求的高灵敏度传感器的比重还比较少。根据相关行业报告，激光雷达、毫米波雷达以及立体视觉摄像头三大传感器符合无人驾驶发展前景，在无人驾驶商业化中最有可能受益的传感器类型。其中，"毫米波雷达＋立体视觉摄像头"的方案性价比相对更高，将有望率先快速推广，安徽省应抓住机遇布局相关研发和提升制造能力。此外，根据德勤分析显示，目前我国 ADAS（高级驾驶辅助系统）市场处于从导入期进入成长期的快速发展阶段，盲点侦测 BSD、自动泊车 AP、前碰撞预警 FCW、主动紧急制动 AEB、全景倒车影像系统 SVC、车道偏移报警 LDW、自适应巡航 ACC、车道保持系统 LKS 是发展较为成熟的 ADAS 功能。安徽省应在上述领域培育发展相关硬件设备和软件系统，利用整车制造平台，逐步形成无人驾驶智能终端产业聚集，积累数据资料，抢占未来汽车转型发展竞争高地。

3. 智能可穿戴设备和智能家电

智能化是电器产品的发展方向，其中可穿戴设备和家用电器又是重要的领域。我国是全球人口最多的国家，目前正处于消费升级的发展阶段，对可穿戴设备和智能家电的潜在需求巨大。根据 IDC 发布了《2018 中国可穿戴设备市场季度跟踪报告》，2018 年中国可穿戴设备市场出货量为 7321 万台，同比增长 28.5%，出货量排名前五的除了苹果都是中国品牌，包括小米、华为、步步高、奇虎 360。根据艾瑞咨询发布的《中国智能家居行业研究报告》，2017 年，我国智能家居市场规模达到 3342.3 亿元，同比增长 24.8%。其中，智能电视、智能冰空洗等家电产品的智能化渗透率远高于智能照明、家用安防等品类，智能家电市场规模为 2828 亿元，占比高达 86.9%。预计在未来三年内，智能家居市场将保持 21.4% 的年复合增长率，到 2020 年市场规模将达到 5819.3 亿元，智能家电产业规模将接近 5000 亿元。

智能可穿戴设备是应用穿戴式技术对日常穿戴进行智能化设计、开发出可以穿戴的设备的总称，如眼镜、手套、手表、服饰及鞋等。随着移动互联网的发展、技术进步和高性能低功耗处理芯片的推出，部分穿戴式设备已经从概念化走向商用化；随着新式穿戴式设备不断的出现，可穿戴设备将成为继笔记本、平板电脑和智能手机之后又一个对生产生活造成巨大影响的电子信息产品。目前，智能可穿戴设备还处于培育阶段，即便是苹果、谷歌等全球最领先企业的产品也还非常不成熟，安徽省借助在语音识别上的优势，瞄准长三角地区的高消费群体，积极提前布局围绕智能语音识别的可穿戴产品制造业。此外，要重点发展专用型较强、技术含量高但售价也更高的专用型可穿戴设备。重点发展公安、消防、城市管理等需要的可实现稳定通信的专业化可穿戴设备；重点发展户外运动、航海运动、野外宿营等需要防水、防尘、待机时间长且具备薄膜充电和其他专门功能的可穿戴设备；重点发展适应制造业、医疗、安防等需要的具备远程调试、远程医疗、远程监控等专门功能的可穿戴设备。

我国拥有全球规模最大、配套最完善、产品最齐全的家电产业体系，家电技术研发和功能创新也走在世界前列。目前，数字化、网络化和智能化是家电产业发展的重要方向，安徽省作为我国重要的家电生产省份之一，应借助在技术研发和制造能力上的优势，加快形成一批具有自主知识产权和国际竞争力的智能家电产品，建成全国最大的智能家电制造基地和国内领先的新型平板显示，重点发展节能环保型、个性化、智能化家电产品。要继续巩固传统在皖家电企业在规模优势，鼓励传统家电企业在新产品创新的同时，积极发展互联网家电新产业和新业态。依托优势企业，打造互联网家电生态系统，在合肥等家电产业聚集地区利用产业配套能力、家电产业政策环境、家电相关人才聚集，建设互联网家电双创空间，培育一批互联网家电中小微企业和创业创新型企业。

4. 智能装备和器械

高端装备具有技术含量高、产业带动型强的特点，同时也是我国由工业大国向工业强国转型的重要支柱产业。党的十八大以来，国内省区市都在加大对高端装备产业的扶持力度，长三角、珠三角、京津冀高端装备产业发展在国内处于领先地位。安徽省要把握装备制造升级的机遇，对接市场需求，重点发展具有智能功能的工业机器人、节能环保和医疗器械装备，形成特色化产业体系。

工业机器人作为高科技装备，在智能制造系统建设中具有重要意义。对于安徽省而言，随着产品性能提升的内在需求增加和劳动力价格上涨，产业转型升级的压力不断加大，而工业机器人的使用能够同时使上述两个发展困境突破。目前，安徽省装备产业工业机器人产业和应用较为领先，2017 年生产工业机器人1.1 万台，增长 37.5%，推广应用工业机器人 4400 台，增长 33.3%。在行业和整个区域层面，要培育形成工业机器人通用型技术人才队伍和工程服务组织，降低工业机器人采购和使用成本，特别是在中小型企业内推广应用模块化工业机器人。

　　节能环保产业是指为节约能源资源、发展循环经济、保护环境提供技术基础和装备保障的产业，节能环保装备制造是其重要的组成部分。近年来，随着我国环境问题日益突出，国家对节能环保制造产业的支持力度不断提高，安徽省节能环保装备产业有了一定的基础，但总体上看技术水平偏低，未来应促进已有产能的转型升级，并根据全国和长三角地区节能环保装备市场的需求变化，重点发展智能化工和冶金行业使用的工业三废处理和再利用装备；以逆变器、传感监测、智能开关、智能电表为主的能源互联网、智能电网和分布式发电配套装备；空气、水、放射物、噪声、光污染的固定和移动智能化监测装备。

　　医疗器械是指直接或者间接用于人体的仪器、设备、器具、体外诊断试剂、校准物、材料以及其他类似或者相关的物品，也包括所需要的计算机软件。高性能医疗器械结合了装备、计算机、互联网和生物医药等学科的知识，属于高度融合的产业部门，也是近年来国内外发展较为迅速的产业。随着人民群众健康需求的提高，以及老龄化社会的到来，高性能医疗器械及零部件产品市场前景好，安徽省传统医疗器械产业有了一定的基础，且具备发展高性能医疗器械及零部件制造业的相关技术和人才要素，未来应促进传统医疗器械向智能化、物联化、人性化、定制化的高性能医疗器械及零部件制造的转型与升级，重点发展通过生物方式高效、准确和快速预防致命疾病的早期检测器械和试剂；依托互联网，以移动房车为载体的智能化远程治疗成套装备；以社区卫生服务中心为依托，适用于老人和病患的远端智能监护和报警装置；残疾人、老人使用的功能补偿智能器械及零部件。

（二）现代服务业

依托以人工智能为代表的技术进步，满足新的市场需求，服务业领域也不断诞生新兴产业和业态，成为现代服务业的重要组成部分。电子商务、共享经济的发展在取得巨大成就的同时，也暴露出很多问题，并且国内电子商务和共享经济布局基本结束，几大平台型企业具有很高市场份额，如滴滴出行占到了国内网约车市场的份额超过90%，在这些领域新进入的企业将面临巨大的竞争压力和极高的风险。安徽新兴现代服务业产业和业态的培育要结合自身优势和特色，既要大力引进国内外大型企业和平台，更要培育本土具有国内国际影响力的新兴服务业和业态，共同构成安徽现代服务业体系。根据安徽技术、产业、人才和周边市场的特点，安徽省应重点支持智能语音识别及应用开发、家电行业智能制造整体解决方案两大现代服务业的培育和发展。

1. 智能语音识别及应用开发

近年来，智能语音技术成为最成熟和最热门的人工智能应用技术之一，智能家居、智能车载、智能可穿戴领域有了迅猛发展，智能语音客服、专业翻译等也有较好的发展。国内智能语音公司依托原有优势，从单一智能语音技术商转型成全方位人工智能技术服务商，安徽智能语音研发和应用开发企业科大讯飞是全球语音产业的领先者，同时也是我国四个国家级人工智能开放创新平台的依托企业。科大讯飞长期在教育领域拥有绝对优势，除教育外，政府便民工程、呼叫中心和客服也是科大讯飞长期深耕的领域。近两年科大讯飞重点关注的领域开始向移动互联网和物联网转移。从业务布局层面看，先后发布讯飞云平台和人工智能交互平台 AIUI，利用通用的人工智能技术和平台级业务，将语音识别、自然语言处理能力授权给第三方，或者与其他公司进行合作，并且开始向垂直领域拓展。以科大讯飞为牵引，安徽省应打造世界级的智能语音产业聚集地，一方面，继续加大对技术研发特别是底层技术研发的支持力度，形成长久核心竞争力；另一方面，以技术进步为基础，构建智能语音识别产业生态体系，不断改善创业创新环境，在人机对话、人人对话、语音分析三个应用大类（见表4－6），围绕个人领域和商业领域加大要素聚集力度，以应用场景创新推动智能语音产业的发展壮大。

表4－6 智能语音识别应用场景举例

应用大类	个人/商业	具体应用场景举例
人机对话	个人领域	智能家居、可穿戴设备、个人终端、智能车载系统
	商业领域	智能客服、工业机器人、服务机器人
人人对话	个人领域	个人翻译、自动配音、家政养老、宠物照料
	商业领域	自动字幕、专业翻译、在线教育、音乐创作、动物饲养、政务
语音分析	个人领域	情绪管理
	商业领域	公共安全、医疗保健、科学研究

2. 家电行业智能制造整体解决方案

智能制造是一种由智能机器和人类专家共同组成的人机一体化智能系统，它在制造过程中能进行智能活动，如分析、推理、判断、构思和决策等。通过人与智能机器的合作共事，去扩大、延伸和部分地取代人类专家在制造过程中的脑力劳动。它把制造自动化的概念更新，扩展到柔性化、智能化和高度集成化。发达国家一些跨国公司以自身制造业部门改造为基础，开拓新的业务，大力支持智能制造的发展，国内很多有条件的企业也在加快智能化改造。家电是安徽省最具竞争优势的产业之一，同时作为技术快、需求迅速变化、劳动密集型较高的行业，对智能制造改造有急迫的需求。一方面，安徽省家电产业要在自身转型和智能化改造过程中，总结出成功经验和成熟模式，特别是在工业软件和自动化、工业通信、工业信息安全等核心领域形成模块化体系；另一方面，以自身转型升级的成功作为示范和宣传，支持优势企业组建专门公司或部门负责智能制造改造业务的开展、培育智能制造整体解决方案的服务业（见表4－7）。

表4-7 安徽省家电行业智能制造投资重点

领域和环节	投资重点和效果
数字工厂	以产品全生命周期的相关数据为基础，在计算机虚拟环境中，对整个生产过程进行仿真、评估和优化，并进一步扩展到整个产品生命周期的新型生产组织方式。通过数字工厂提高盈利能力、提高规划质量、缩短产品投产时间、实现交流透明化、规划过程标准化和胜任知识管理数字工厂六大职能
工业软件	在机器层面，通过智能软件应用提高设备智能水平，改善性能和生产效率；在车间层面，通过智能软件应用加强机器间通信协作，提高生产线的协同水平；在工厂层面，通过智能软件应用优化和调度多车间、多生产线等生产资源，实现生产能力、供应链及市场需求的动态匹配
工业以太网	以工厂为基本单元，在区域层面形成互联互通的信息格局，打破各个信息孤岛间的障碍，在整个产业链层面形成信息汇总的能力。不仅包括生产设备联网实现自律协调作业的M2M，通过网络获取大数据的应用，开发、销售、ERP、PLM、SCM等业务管理系统与实际生产过程之间的协同等；同时也包括工业产品、服务从研发设计到最终物流全链条之间信息的高速传输、实时保存、安全保护等功能
智慧供应链	充分利用在制造业上的优势，借助周边丰富要素资源，大力打造家电行业供应链平台。短期内，整合企业采购平台，打造行业内区域性家电供应链平台；中长期，则要打造全国性、全球性的智慧供应链平台

（三）智能社会管理

除了在产业部门培育增长新动能，社会管理部门也要推广以智能化为代表的新模式。社会管理不仅是新动能产业的重要市场，同时更高效的社会运转能够创造更好的社会人文环境，更好地服务和支撑新动能产业和业态的培育和发展。从21世纪开始，发达国家就开始了智能社会管理方面的研究和试点。2010年，IBM正式提出了"智慧的城市"愿景，随后"智慧医疗""智能交通"等概念相继被提出，IBM等企业也成为全球社会管理智能化解决方案的最重要供应商。2016年，日本内阁会议决定的"第5期科学技术基本计划"中提出"社会5.0"，该计划中日本的发展目标确定为日本社会应当是一个超智能社会（即"社会5.0"）。针对构建实现"社会5.0"的平台，强化人工智能AI等基础技术，开发高端的道路交通系统等核心系统，并力图与其他系统关联。可见，社会管理的智能化改造是全球趋势，安徽省要抓住机遇，提前布局，加速构建新型智能化社会，智能交通系统、智慧医疗体系和智慧城市系统是最具前景的社会管理投资方向。

1. 智能交通系统

随着交通需求和供给间缺口不断扩大，以及信息化发展趋势，传统的交通技术和手段已不适应经济社会发展的要求，智能交通系统是交通事业发展的必然选择，是交通事业的一场革命，同时也是社会管理新模式的重要领域。打造安徽全省范围的智能交通系统，融入长三角和长江经济带智慧交通大系统，重点是要加强三个领域的投资力度，实现系统、实时、交互、广泛、内外通达的"智慧交通"服务。一是大力投资建设智能交通设施。一方面，推动交通工具的智能化建设，加大智能终端在交通工具上的应用，加强对车辆、船舶等运载装备的卫星定位，推进营运车辆、船舶终端北斗化改造，公共交通工具安装先进驾驶辅助系统（ADAS）。另一方面完善固定智能交通设施系统，建设智能信号灯，实现车辆的快速通过和公交先行；建设智能停车场，实现自动寻车、不停车收费；重点路段、航道、隧道安装联网传感器，监控设施状况，及时消除安全隐患。二是提升交通服务水平。打造智能公共交通系统，进一步优化长途车、客船客票联网售票系统；在省域范围内推广公共交通一卡通、移动支付、电子客票和电子检票；建设智能公交站和客运码头。提高车辆服务水平，推广"网上车管所"、车电子标识，开展汽车维修配件追溯试点和"汽车电子健康档案"系统建设，鼓励O2O汽车维修服务或连锁经营等"互联网＋汽修"模式创新。三是实施智能交通监管。完善联网摄像头布局，实现城市道路、村镇出入口、道路和河道的重要路段全覆盖智能监控。公务车辆、公交车、特种车辆、危化品车辆、运营船舶安装车联网系统，实现对车船运行状态的实时监控。交通执法车辆、人员配备智能执法仪，推广无人机的使用，实现对临时重点区域、交通事故现场的实时监控。省内各地区交通数据实现联网，以数据中心为平台，汇总各种交通数据，为交通管理、交通服务、交通决策提供科学参考。推进公交、出租车、轮渡和交通数据互联互通，发展实时交通信息查询、交通事故预警、道路快速救援等智能交通服务。

2. 智慧医疗体系

智慧医疗是通过打造健康档案区域医疗信息平台，利用最先进的物联网技术，实现患者与医务人员、医疗机构、医疗设备之间的互动，逐步达到信息化。随着人均可支配收入的提高、人口老龄化加剧和医疗技术的飞速发展，人类对于健康的需求不断升级，而传统医疗向结合互联网技术的智慧医疗转型升级成为满足新的医疗健康需求的必经之路，因此智慧医疗系统也成为社会管理数字化变革的重点投资领域。

根据世界卫生组织（WHO）的研究报告，智慧医疗由三个板块组成：医院信息化、区域医疗信息化和健康管理信息化（见表4-8），三个板块呈递进关系，可以理解为智慧医疗发展的三个阶段，安徽省智慧医疗体系的构建也应按照此顺序，近期在医院信息化的基础上，社区、医院和企业共建安徽省医疗信息系统；中长期要结合老龄化社会的到来，构建以老龄化社会为特色的健康管理信息系统。

表4-8 安徽省智慧医疗体系投资重点

阶段	投资重点	效果
医院信息化	HIS（医院信息管理系统）和CIS（医院临床信息系统）	提高院内医疗效率
区域医疗信息化	RHIO（区域医疗信息组织），核心作用为数据交换与共享，核心数据为个人电子健康档案	提高区域医疗效率
健康管理信息化	通过大数据、物联网、移动互联对个人提供切实的医疗服务	加快"全民大健康"进程

3. 智慧城市系统

智慧城市就是运用信息和通信技术手段感测、分析、整合城市运行核心系统的各项关键信息，从而对包括民生、环保、公共安全、城市服务、工商业活动在内的各种需求做出智能响应，其实质是利用先进的信息技术，实现城市智慧式管理和运行，进而为城市中的人创造更美好的生活，促进城市的和谐、可持续成长。广义上说，智慧城市包含了智能交通和智慧医疗，由于智能交通和智慧医疗在安徽智能经济中具有重要地位和引领作用，因此将其与智慧城市并列。从"十三五"开始，国内很多城市开始布局智慧城市的发展，并取得了阶段性的成果。除了智能交通和智慧医疗，安徽省智慧城市建设还要重点发展智慧公共服务、智慧园区、智慧政务、智慧安居、智慧教育（见表4-9）。

表4-9　安徽省智慧城市建设重点投资领域

领域	重点建设内容
智慧公共服务	就业、医疗、文化、安居等专业性应用系统建设，城市建设和管理的规范化、精准化和智能化改造，城市公共资源在省域范围内的共享，城市人流、物流、信息流、资金流协调高效运行数字系统
智慧园区	工业园区、商业区监控系统的数字化、网络化和智能化改造，智能识别系统建设，智能化生产安全系统，园区数据中心、共享平台
智慧政务	公安应急系统、公共服务系统、社会管理系统、城市管理系统、经济分析系统、舆情分析系统
智慧安居	应用物联网、互联网、移动通信等各种信息技术的社区政务、智慧家居系统、智慧楼宇管理、智慧社区服务、社区远程监控、安全管理、智慧商务办公等智慧应用系统，成套智慧安居样板工程
智慧教育	教育局域网和校园网升级，智慧教育事业，网络学校、数字化课件、教学资源库、虚拟图书馆、教学综合管理系统、远程教育系统等资源共享数据库及共享应用平台系统

第五章　安徽省承接产业转移与对接国家战略研究

近十年来，安徽省各地市顺应经济形势发展，积极利用综合优势条件，深入对接中部崛起、长三角区域一体化、长江经济带等国家重大区域战略，加快承接国内外产业转移，取得了显著的成效，实现了从农业大省向制造强省的转变，成为中部地区发展较快的省份。当前，安徽省加快推进长三角区域一体化战略，深入对接苏浙沪地区，大力承接国内外新兴产业转移，吸引一批先进制造业企业和高校科研院所到皖发展，目前安徽省正在探索高质量发展的"安徽方案"。

一、安徽省承接产业转移的优势条件、重要进展与面临问题

（一）优势条件

安徽省地处我国中东部，是长江三角洲区域的组成部分，毗邻苏浙沪地区，是我国东部沿海产业"西进、北上"的必经之地，具有承接产业梯度转移的区位优势。

第一，具有通江达海、南来北往和毗邻苏浙沪的区位条件。长江自东向西横贯全境，便利的江海联运体系为安徽省对外开放创造了便利、低成本的物流条件。安徽省境内分布着京沪铁路、京沪高铁、合福高铁、京台高速、合武客专等多条重要的过境交通通道，成为我国南北方和东西向人流物流的重要枢纽。2017年，铁路和公路的营运里程分别为4275公里、203285公里，是2010年的1.5倍、1.36倍；铁路客运和公路货运运力明显上升，2017年全省铁路客运量为11470万人，是2010年的2.07倍，铁路货运量为280471.4万吨，是2010年的1.53倍；水运货运量114015万吨，是2010年的3.52倍。[①] 不同运输方式运力结构性增长不仅反映了公路、铁路和水运分工更趋合理，还反映出地区综合交通枢纽优势得到了进一步发挥。

第二，具有开阔的发展空间。安徽省地形地貌多样，南北差异较大，长江以北地区地势平坦，皖南和皖西地区多是山地。丘陵和平原面积为75056平方公里，占全省土地面积的44.11%。[②] 正因为这种优越的地形条件，安徽省长期以来就是我国重要的商品粮基地，为保障国家粮食安全做出了重要的贡献。在工业化和城镇化快速推进时期，安徽省平原地区开发强度较低，发展空间较大，具有承接大规模产业转移和人口集聚的条件。2017年安徽省城市人口密度为2535人/平方公里，而同期江苏省城市市辖区人口密度为12198人/平方公里，对比不难看出安徽省城镇化和工业化的潜力还很大。

第三，拥有丰富的劳动力资源。2018年，安徽省户籍人口7082.9万人，常住人口6323.6万人，净流出人口759.3万人，这表明了安徽省大量的劳动年龄人口到省外特别是苏浙沪地区就业。短期内，丰富的劳动力资源优势没能实现就地转化，但今后随着产业转入，将有望吸引一批外出务工人员和人才回乡就业创业。据测算，2010~2017年安徽省非农产业就业弹性系数为0.23，这说明非农产业增长创造就业机会的潜力还比较大。

第四，拥有丰富的科教资源。安徽省拥有中国科技大学、合肥工业大学等高

---

①②参见：《安徽统计年鉴（2018年）》。

校和中国科学院合肥分院等国家级科研单位，这些单位已经培养了一大批理工科专业技术人才和顶尖的科学家队伍。安徽省芜湖、蚌埠、马鞍山等城市都有一批军工企业或国家历史上重点建设的工业项目和高校，积累了丰富的专业技术人才。据统计，2017 年，安徽省每十万人拥有大专及以上人口数为 13554 人，略高于全国平均水平（12886 人）。R&D 经费支出 564.92 亿元，占 GDP 的比重为 2.09%，略低于全国平均水平（2.13%）。高等院校科技活动人员 6.38 万人，占全国的 7%，高于安徽省人口占全国的比重（4.5%）和 GDP 占全国的比重（3.27%）。①

（二）产业转移取得重要的阶段进展

2008 年以来，安徽省进入承接产业转移与产业转型升级同步加快的历史时期，吸引了一大批省外或境外企业落户投资。皖江城市带成为国家级承接产业转移示范区，发展势头从沿江城市向长江以北地区实现较大范围的波浪式扩散。总的来看，近年来，安徽省承接产业转移具有以下几个方面的特征：

第一，省外资金和外资增长较快。过去五年，安徽省各地市积极抢抓国内外产业转移的有利机遇，开展了各种形式的招商引资活动，完善产业承接条件，对标东部沿海发达地区找差距，持续改善营商环境，取得了重要的进展。据统计，2018 年，安徽省实际到位的省外资金达到 11942 亿元，是 2014 年的 1.5 倍（见表 5 - 1），在过去的五年年均增长 8.5%，2014 ~ 2018 年连续五年亿元以上在建省外投资项目达到 5000 个以上，平均每个地市 300 个以上。从地区分布看，2018 年，合肥和芜湖吸引省外资金规模最大，超过千亿元，蚌埠、滁州、马鞍山、宣城、亳州和安庆吸引省外资金超过 700 亿元。同时，2018 年安徽省实际利用外资达到 170 亿美元，是 2014 年的 1.38 倍，在 2014 ~ 2018 年保持 6.6% 的年均增长速度，明显高于全国平均水平（2.4%）。制造业是安徽省利用省外资金和外资投资的重点领域，2018 年吸引进来的省外资金有 70% 左右流向第二产业，

---

① 参见：《中国统计年鉴（2018 年）》和《安徽统计年鉴（2018 年）》。

制造业吸引外资占实际利用外资的50.47%。①

表5-1　安徽省利用省外资金和实际利用外资情况

年份	2014	2015	2016	2017	2018
实际到位的省外资金（亿元）	7942.4	8968.9	9903.3	10954.8	11942
亿元以上在建省外投资项目（个）	5564	5902	5454	5482	5499
实际利用外资（亿美元）	123.40	136.20	147.7	158.97	170

第二，融入长三角核心区域的步伐加快。一方面，安徽省承接苏浙沪一大批产业项目转移。据统计，2018年，苏、浙、沪列居安徽省利用省外资金的第一位、第二位和第五位，苏浙沪三地到皖投资的在建亿元以上项目2899个，占总数的52.71%，实际到位资金5707.6亿元，占总数的47.79%，其中，新建亿元以上项目1729个，实际到位资金3766.6亿元，比2017年增长14.5%，且仍然保持较高的增速。② 另一方面，在产业承接过程中，安徽省不断深化与苏浙沪的产业分工协作，马鞍山、铜陵、芜湖、滁州等城市在汽车制造、钢铁、有色、电子信息、装备制造等行业领域已与苏浙沪建立起比较紧密的产业链上下游联动或关联配套关系，苏浙沪产业转移不仅带来了资本、技术、人才，还带来了越来越多的市场机会。以上海蔚来汽车为例，该公司在长三角区域均有业务布局，其中公司总部设在上海市嘉定区，智能互联系统部分的研发和生产业务放在浙江，电驱动协同部分的研发和制造业务放在江苏，车身和部分零部件制造业务布局在安徽，将三省一市各自产业优势整合起来，形成一个3小时以内的供应链，类似的例子还有上海汽车等。

第三，对接央企央院和部署高校项目落地。近年来，安徽省大胆借力外部资源，引技引智进入全面深化阶段。在央院对接方面，安徽省加快创新型省份建设，深入对接中国科学院、中国工程院等科研机构，与中国科学院有关院所密切

①②参见：安徽省合作交流办公室（http://fzggw.ah.gov.cn/cs/ahjh/cs.jsp）。

合作，加快合肥综合性国际科学中心建设。已取得了进展：与中国工程院签订战略合作协议，共同成立了中国工程科技发展战略安徽研究院。在央企对接方面，2018年，安徽省与中国电子科技集团签订的合作项目——天地信息网络（安徽）研究院成立，该研究院将以合肥核心地面信息港为依托，集卫星通信和信息技术应用为一身，形成覆盖天、空、地、海的信息网络，加快建成"数字江淮"。在对接部署院校方面，安徽省与清华大学签订战略合作协议，共同推动科技成果转化等方面的合作，同时，安徽省还大力支持中国科学技术大学、合肥工业大学等省内部署高校服务全省经济社会发展，特别是吸引了一批科技成果就地转化应用。除了省级层面的对接，安徽省内各地市也纷纷加强与国家级科研院所和高校的合作。例如：合肥市与北京大学共同成立了"彩虹蓝光—北京大学协同创新中心"，与天津大学合作成立了"天津大学合肥研究院"，与北京航空航天大学共同创建了"北京航空航天大学合肥创新研究院"；阜阳市与复旦大学共同设立了"复旦阜阳电子信息联合创新研究中心"，促进高校科技成果转化和开展产学研用合作。还有些地方政府是通过企业出面与高校开展合作。例如，芜湖机器人研究开发有限公司与哈尔滨工业大学合作成立了"哈工大芜湖机器人产业技术研究院"，搭建了哈工大科技成果转移转化中心，吸引哈工大专家为芜湖装备制造企业提供技术服务。

第四，徽商回乡创业掀起热潮。2013年，安徽省将"徽商回归"写入当年政府工作报告，并作为一项重要工作深入宣传和加强对接。安徽省有关部门搭建平台开展项目对接活动。近年来，安徽省举办了中国国际徽商大会，相应成立了安徽省国际徽商交流中心，与分布世界各地的安徽商会开展业务对接，利用传统媒体、新媒体等传播平台加强舆论宣传，并取得了较好的效果。据统计，2018年全省徽商回归项目到位资金继续保持良好的发展势头，5000万元以上在建徽商回归项目335个，投资总额1169.8亿元，实际到位资金307.8亿元，同比增长22.5%。全年新增5000万元以上项目140个，到位资金144.0亿元。[①] 徽商回

---

① 参见：安徽省合作交流办公室（http://fzggw.ah.gov.cn/cs/ahjh/cs.jsp）。

乡投资项目多集中在制造业领域，特别是家电、装备制造、电子信息等。

第五，人才引进取得突破。一方面，安徽省利用国家和省内有关政策，大力实施"江淮英才计划"等工程，针对不同类型高层次创新创业人才给予相应的资助或奖补，并取得了较好的效果。2018 年，安徽省新增国家"千人计划"人才 143 人，培育和引进高层次人才团队 115 个。2017 年通过"江淮英才计划"引进扶持了 50 个高层次科技人才团队。另一方面，安徽省各地市和相关企业采取"但求所用、不求所在"的方式从上海等城市引进了一批高层次专业技术人才，帮助当地企业解决技术难题。

第六，科技成果交流日趋活跃。近年来，随着高技术产业增速加快，安徽省各地区吸引省内外科技成果转移转化的势头良好，技术引进和输出出现双向增长的态势。如表 5 - 2 所示，2018 年，安徽省吸纳技术合同 20132 项，合同成交额 354.49 亿元，较上年增长了 30.96%；全年共输出技术合同 20347 项，合同成交额 321.31 亿元，较上年增长 28.7%。从技术交易的来源和流向看，省内技术交易数量占 75% 左右，而省内合同成交额占 45% 左右。

表 5 - 2　2018 年安徽省技术合同交易情况

	吸纳技术		输出技术	
	合同数（项）	成交额（亿元）	合同数（项）	成交额（亿元）
全省	20132	354.49	20347	321.31
省内	15733	160.28	15733	160.28
省外	4399	194.21	4614	161.03

资料来源：《2018 年度安徽省技术合同交易统计公报》。

第七，大力打造承接产业转移的创新载体。一方面，近年来，安徽省统筹区域协调发展，实施了"一圈两带三区"的发展战略，积极参与和推动长三角区域高质量一体化发展，盘活全省"一盘棋"，使各地市发展干劲十足、发展方向和思路更加明确，发展重点更加聚焦。目前，合肥都市圈已成为中部地区发展水平进步最快的板块和创新驱动发展的新兴增长极，长江（皖江）经济带和淮河生态经济带实现更高水平绿色发展，皖北地区振兴发展、皖南国际文化旅游区建设和大别山革命老区振兴发展同步深入实施，实现了大发展、大突破、快赶超和大跨越。另一方面，在过去五年，安徽省把创新作为绘就新时代蓝图的主题，深入推进创新型省份、合芜蚌国家自主创新示范区、G60科创走廊等重大区域创新体系项目建设，实现了多点突破。

第八，出台了一系列的保障措施和持续优化营商环境。在支持重点产业发展方面，安徽省政府陆续出台了《支持新能源汽车产业创新发展和推广应用若干政策》《支持现代医疗和医药产业发展若干政策》《支持机器人产业发展若干政策》《安徽省半导体产业发展规划（2018—2021年）》等政策文件，对新兴产业予以一揽子的政策扶持，旨在解决企业研发投入不足、融资难融资贵、项目审批周期太长、项目用地等问题。在创新协作方面，安徽省政府出台了《支持与国内外重点科研院所高校合作的若干政策》，支持各地市引进大院大所，设立科技创新基地，推进科技成果的转移转化和交流合作。在优化营商环境方面，安徽省有关部门印发了《关于进一步减负增效纾困解难优化环境促进经济持续健康发展的若干意见》，该意见提出要积极推动产业优化升级，支持符合条件的重大工程和产业园区升级为重大基地，继续在重点领域布局建设新的安徽省实验室和技术创新中心，省财政对新认定的"一室一中心"分别给予500万元、300万元支持。在招商引资方面，安徽省有关部门制定了《支持"三重一创"建设若干政策》，该文件要求各级部门要加快推进重大新兴产业基地、重大新兴产业工程、重大新兴产业专项建设，构建创新型现代产业体系，培育壮大经济发展新动能，支持新建项目，奖励重大项目团队，支持企业境外并购，完善奖励机制，补助研发试制投入。各地市为了提高招商引资的实效，纷纷出台了相关的支持政策。例如：芜湖市出台《芜湖市航空产业集聚发展政策规定》，鼓励国内外航空公司、大型快递物流企业在芜湖航空产业园设立基地、建设区域运营中心和快件处理中心；淮南市政府出台了关于承接产业转移的若干优惠政策意见，明确专项资金和各项补助的具体金额。

（三）承接产业转移存在的问题

通过深入调研，我们了解到安徽省个别地方为了招商引资而采取了不理性和短视的做法，由此带来了一些比较突出的问题和负面影响。

第一，产业转移伴随着污染转移。随着长江流域"共抓大保护、不搞大开发"相关政策的实施，长江流域皖江段化工、水泥、钢铁、有色等行业企业受到较大的影响，但地方政府在处理发展经济和环境保护关系上态度不坚决，落实环保督察整改不到位，整改验收销号流于形式，给排污不达标的企业留下了空子。为了吸引省外的工业项目，个别地方政府甚至采取了项目环评走过场的形式帮助企业蒙混过了产业准入的环保关；个别地方政府与企业串通一气，帮助企业隐匿排污行为，内应外和对付上级环保督察。此外，个别地方的产业园区环保设施建设滞后，有关部门环保监管不到位，企业污水直接排入长江、淮河和巢湖，造成了大面积的生态污染问题。①

第二，部分企业利用项目投资向地方政府骗取或套取巨额的财政补贴。有些地方政府为了招到所谓高技术产业项目或引进上市公司投资，不惜动用地方有限的财政资金为企业落地项目提供各种补贴，还为企业提供"交钥匙"的落地条件，包括建好的厂房、培训好的工人以及其他配套条件。然而，有些企业专钻地方政府的政策空子，在获得补贴后故意拖延项目开工日期或享受完几年的税收减免后就撤资，导致地方政府从中蒙受较大的经济损失。例如，福建某上市公司在安徽省某个地市投资项目获得地方政府配套补贴资金5亿元和当地采购合同，但该项目却出现拖延工期和投资大幅缩水的现象。

第三，产业园区粗放、低水平发展。安徽省内各县（市、区）都建设了工业园区，存在着产业园区遍地开花、盲目建设的问题，产业园区土地开发产出强度普遍较低，地方政府对园区基础设施投资很大。有些地方的产业园区出现了土地征而不用、企业建花园式工厂、破产企业厂房闲置等现象，还有些地方出现了

---

① 参见：《安徽省通报中央环境保护督察移交生态环境损害责任追究问题问责情况》。

僵尸型产业园区和产业园区违规征地、擅自调整规划范围或变更土地用途等现象。

第四，人口特别是青壮年劳动力净流出现象突出（见图 5 - 1）。安徽省许多县的人口出现连续多年净减少的现象，在 105 个县（市、区）中，有 81 个县（市、区）出现了人口净流出，占 77.14%。[①] 在这些跨省流动人口中，绝大多数的人更愿意到苏浙沪地区，其占流向省外人口总数的 79.32%。年轻人不愿意在省内中小城市就业，更倾向于到合肥或省外就业。在流向省外人口中，20～23 岁人口占 38.69%。[②] 在这种背景下，许多地市近年来出现了招工难、招工贵、留工难的问题。当地收入水平较低、基础教育质量不高和城市生活单调是导致青壮年劳动力外流的重要原因。

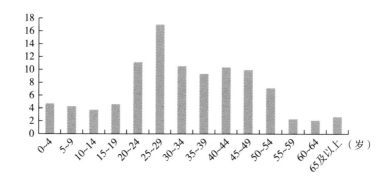

图 5 - 1 2017 年安徽省外出半年以上人口年龄分布

资料来源：《安徽统计年鉴（2018 年）》。

第五，地方政府服务意识薄弱。与东部沿海发达地区相比，安徽有些地方政府存在重招商、轻服务的现象，缺乏安商、亲商的发展思维。有些地方政府在履行招商引资协议时打折扣、"翻烧饼"，甚至出现了"关门打狗"的现象，这无疑会影响外来企业扩大投资的意愿。同时，在安商、稳商方面，有些地方政府出现了换届周期冷热不均的现象，新官不理旧账时有发生，导致企业苦不堪言。

---

①②参见：《安徽统计年鉴（2018 年）》。

二、安徽省对接国家战略的优势条件和重点领域

安徽省承接产业转移取得的重要进展既是我国大国经济发展的历史阶段产物，又是国家重大区域战略带来的利好机会。近些年来，安徽省先后获得中部地区崛起、国家级承接产业转移示范区、长江经济带发展、长三角区域一体化发展等国家重大区域战略的支持，同时也从创新驱动发展等国家创新战略中受益。客观地讲，安徽省对接国家战略具有"天时、地利、人和"的优越条件，是一次能实现换道超车的千载难逢的历史机遇。

（一）安徽省对接国家战略的优势条件

第一，立足中部、融入东部的区位优势明显。在国家区域战略版图中，安徽省地处中东部，毗邻苏浙沪地区，具有承东启西和南来北往的优越区位条件，是中部地区崛起战略实施的重点区域，承担着"三基地、一枢纽"的功能。同时，安徽省被国家列入长江三角洲区域范围内，在长三角一体化高质量发展中将扮演重要的角色，成为长三角向西延伸拓展的腹地。

第二，长江绿色发展得到重视。长期以来，长江流域皖江段港口建设滞后，沿江港口带动产业发展潜力未能充分发挥，岸线产业项目布局不合理，"化工锁江"现象突出。在长江经济带"共抓大保护、不搞大开发"中，安徽省沿江城市产业发展进入转型跨域发展的黄金时期。一方面，随着黄金水道优势逐步显现，皖江城市带港城联动发展的增强将有利于带动临港产业加快发展，承接一批对物流成本比较敏感、环境友好型的产业项目落地。另一方面，日趋严厉的环保政策和中央环保督察也倒逼沿江城市主动放弃了一些布局不合理、排放不达标、环境风险大的产业项目，从而带动更多的企业在绿色发展中求生存、闯市场。

第三，生态优势日益突出。"绿水青山就是金山银山"正在成为各地践行绿

色发展理念的自觉行动。近年来，安徽省做足了绿色发展的新文章，深入探索生态补偿机制、"林长制"等创新做法，新安江流域的生态补偿机制成为先行先试的试验区，获得社会的广泛认可。在生态文明建设中，安徽省既拥有皖南、皖西等成片、保存较好的生态资源，又拥有河湖交错、地势平坦、地形开阔的平原地区。优越的自然条件为安徽省获批国家生态文明试验区创造了有利的基础条件。

第四，科技资源和军工产业的底子较好。近年来，安徽省利用中国科学院合肥物质科学研究院、中国科学技术大学等创新载体，承担了合肥综合性国家科学中心建设，目前已完成国家同步辐射实验室一期、二期以及超导托卡马克核聚变实验装置、稳态强磁场实验装置等国家大科学工程 5 项。到 2018 年底，全省拥有国家重点实验室 10 家、国家工程实验室 7 家、国家地方联合工程实验室 8 家、国家工程技术研究中心 9 家、国家工程技术中心 3 家等 168 家国家级科技创新平台，数量位居全国前列。① 同时，安徽省拥有中国科学院合肥物质科学研究院、中机第一设计研究院、合肥通用机械研究院、中建材蚌埠玻璃工业设计研究院、中钢马鞍山矿山研究院、中冶华天工程技术有限公司以及中电科第八、第十六、第三十八、第四十一、第四十三等 16 家国家级科研院所，分布在合肥、蚌埠、马鞍山、淮南、淮北等城市，这些科研院所都曾为我国国防工业和现代工业的发展做出了重大的历史贡献，至今仍然保留较强的产学研协作的创新能力。这些科研机构都已在安徽扎根，融入当地的发展，今后不仅为安徽省创新发展奠定了坚实的基础，也有利于安徽省找到参与、融入创新驱动发展等国家战略的对接载体或切入点（见表 5-3）。

表 5-3 中央驻皖科研机构的基本情况

序号	科研院所名称	所在城市	科研优势	孵化产业方向
1	中国科学院合肥物质科学研究院	合肥	磁约束核聚变科学与技术、大气环境探测与监测技术、强磁场科学与技术、先进核能与核安全技术、特殊环境服役材料、机器人与智能装备、现代农业技术、医学物理与技术以及高技术等	超导新材料、民用核能技术、智能机器人、生物育种、生物技术、大气监测等

---

① 参见：《2018 年安徽省科技统计年报》。

续表

序号	科研院所名称	所在城市	科研优势	孵化产业方向
2	中国电子科技集团公司第十六研究所	合肥	低温制冷技术、低温电子技术、超导电子技术	低温接收机、超导接收机、新型汽车空调、深冷能源储藏运输等
3	中国电子科技集团公司第三十八研究所	合肥	集成电路、微波技术、电子元器件的加工	特种芯片设计、气象雷达、微波通信设备、汽车电子等
4	中国电子科技集团公司第四十三研究所	合肥	电子元器件、电子材料、多芯片组件等	集成电路
5	合肥水泥研究设计院有限公司	合肥	资源回收利用、余热发电、成套装备等	建材生产成套装备、环保设备等
6	中机第一设计研究院有限公司	合肥	农业机械、工程机械、新能源装备等	智能机械、新能源设备
7	合肥通用机械研究院有限公司	合肥	石油化工设备、流体机械等	石油化工成套装备、流体机械、包装食品专用机械
8	东华工程科技股份有限公司	合肥	石油、化工、制药等行业领域工程承包	精细化工、工业污水处理成套技术等
9	中建材蚌埠玻璃工业设计研究院有限公司	蚌埠	建材行业工艺、设备、设计、安装	新型建材、新材料
10	中国电子科技集团公司第四十一研究所	蚌埠	微波、光电等方面精密仪器	精密仪器
11	华东光电集成器件研究所	蚌埠	半导体器件、混合器件、集成化模块等	集成电路、汽车电子、移动通信电子等
12	中国电子科技集团公司第四十研究所	蚌埠	连接器、继电器、电缆组件等	电子元器件、电缆、汽车电子等
13	中钢集团马鞍山矿山研究院有限公司	马鞍山	金属矿产资源开采、冶炼、深加工的工艺、设备、设计、安装	大型冶金成套装备制造
14	中冶华天工程技术有限公司	马鞍山	冶金成套设备研发、污水处理技术等	成套装备制造、环境工程
15	中国电子科技集团公司第八研究所	淮南	光纤通信、光纤光缆工艺设备等	光纤通信设备、光纤专用装备
16	中煤科工集团淮北爆破技术研究院有限公司	淮北	民爆器材生产技术及其生产设备	民爆器材及其专用设备

资料来源：课题组从各科研单位门户网站或相关介绍材料中收集整理而成。

（二）安徽省对接国家战略的重点领域

1."一带一路"倡议

在 2015 年 3 月，国家有关部门公开发布的《推动共建丝绸之路经济带和 21 世纪海上丝绸之路的愿景与行动》中，明确指出，利用内陆地区纵深广阔的优势，依托长江中游城市群等重点区域，打造合肥等内陆开放型经济高地。这个愿景行动预示着，安徽省在"一带一路"倡议中可以充分发挥自身区位优势和内陆开放的条件，寻找差异化的对外开放优势，尤其是利用航空、铁路、水运、高速公路的综合交通优势，大力发展消费电子、汽车、精密装备、金属材料、绿色农产品、现代物流等产业，支持水泥、钢铁、有色等优势产能和大型工程建设承包"走出去"，拓展海外市场。

2. 长江经济带绿色发展

安徽省长江流域皖江段是长江中游重要的组成部分，具有得天独厚的区位优势和较好的产业发展基础。皖江城市带是国家级承接产业转移示范区，是承接国内外产业转移的重点区域。从《长江经济带发展规划纲要》《国务院关于依托黄金水道推动长江经济带发展的指导意见》《关于建设长江经济带国家级转型升级示范开发区的实施意见》《长江经济带国家级转型升级示范开发区建设要求》《长江经济带创新驱动产业转型升级方案》等文件的有关内容来看，安徽省对接长江经济带战略的切入点主要包括以下四个方面：一是承接国内外产业转移。这些文件几乎都指出了长江中游城市群要承接国际国内产业转移，促进跨区域产业对接协作，进一步扩大产业发展腹地空间。二是积极打造产业承接载体。这些文件强调了推动产业转型升级，支持安徽新芜经济开发区、安徽天长经济开发区、合肥包河工业园区等国家级转型升级示范开发区建设，探索合作共建产业园区发展的模式和机制。三是深入推进绿色发展。有关文件要求长江干流和主要支流 1 公里内无新建重化工、造纸等项目，调整或清除一批化工、造纸等污染项目的布局。这些要求对皖江一带重化工项目布局带来较大的影响，将有一批化工企业被调整或淘汰。四是加快以黄金水道为依托的现代综合交通体系建设。《长江经济带发展规划纲要》和《国务院关于依托黄金水道推动长江经济带发展的指导意见》等文件都强调了长江的黄金水道作用，沿江城市对外交通通达能力将有望得到较大的提升，沿江高速铁路、沿江高速公路和长江水运将具有更加突出的大通道集成优势。

3. 长江三角洲区域一体化发展

《长江三角洲区域一体化发展规划纲要》已于 2019 年 12 月正式印发。安徽省作为长江三角洲区域的重要组成部分，加快与苏浙沪一体化进程，具有重大的历史发展机遇。具体而言主要包括以下四个方面：一是更好地发挥长三角区域的腹地优势，承接苏浙沪产业转移，形成更紧密、更合理的产业链分工。二是承接苏浙沪高端要素的转移，特别是科技成果、高层次人才和资本，借力解决省内工业化和城镇化加快推进的高端要素短缺问题。三是开拓日益增大的区域市场。随着长三角区域一体化加快，物流成本将明显降低，各地区之间的市场将进一步整合和扩容，这将为安徽省承接产业转移和开拓区域市场创造有利的现实条件。四是促进要素更加自由顺畅流动。长三角区域一体化是交通基础设施、公共服务、生态环境治理、营商环境、产业对接协作等多个领域的一体化，是不同行政单元高度融合成一个整体的过程，这必将带动要素自由有序流动，使安徽省这块投资洼地有机会变成投资热土。

4. 创新驱动发展战略

2016 年 5 月，中共中央、国务院印发的《国家创新驱动发展战略纲要》中明确了新一代信息网络技术等十大领域技术，其中新一代信息技术、智能绿色制造技术、现代农业技术、现代能源技术、生态环保技术等领域是与安徽省"十三五"新兴产业发展最为密切和最相关的。同时，这个规划纲要还涉及了原始创新、国家自主创新示范区等方面的表述，也与安徽省建设综合性国家科学中心、合芜蚌国家自主创新示范区建设等方面的工作相关。2017 年 7 月出台的《国务院关于强化实施创新驱动发展战略进一步推进大众创业万众创新深入发展的意见》对于创新创业、基础研究、分享经济等方面的有关部署也与安徽省深入推进科技创新工作密切相关。

三、企业参与承接产业转移和对接国家战略的投资机会

（一）盘活一批停产企业资产

随着供给侧结构性改革的深入推进，安徽省各地市都在贯穿落实"三去一降一补"政策，这其中也遇到了一些企业因融资难而陷入发展困境、成为僵尸企业、企业停工项目沦为烂尾工程的问题，这不仅造成了资源浪费，也让地方政府承受较大的金融风险。为此，在落实中央政策文件精神下，各地市有必要引进外来企业共同投资和处置一批僵尸企业的活资产。具体思路有以下三个方面：

第一，摸清企业经营现状，分批次、分类型处置僵尸项目。地方政府要立足产业基础和长远发展，准确把握工作节奏和力度，不搞齐步走、一刀切，根据资产评估和行业前景，统筹推进有市场前景的停工企业复产复工。根据不同企业特点和问题性质合理分类，选择合适的处置方式。地方政府要借助金融手段，成立专项基金，采取引导社会资本参与企业追加投资复工一批、协助企业寻求合作伙伴重组一批、大力开展二次招商盘活一批、运用行政手段依法清退一批、公司化运作收回土地处置一批等多种手段，分批次、分类型处置僵尸项目。

第二，按照"缺什么、补什么"的原则，针对性地指导帮扶停产企业。针对因资金周转问题停产的企业，地方政府要加强产融对接、银企对接，拓宽专利抵押、动产抵押、股权质押、商标质押等融资途径，解决企业融资难、融资贵的问题，帮助困难企业尽快盘活和纾困。针对因短期市场波动停产的企业，地方政府要与企业多加强联系，帮助企业引入战略合作伙伴，助力企业开拓多元化的国内外市场。

第三，尽可能地挖掘剩余资产价值，指导企业进行"腾笼换鸟"。地方政府

在推进产业转换和转型转产过程中，要充分利用已经盘活释放的土地、厂房、设备等资源，进行新的招商引资，开展战略重组或合资合作，最大限度地减少资产损失，提升社会价值和经济效益。

（二）承接一线城市的创新资源

虽然安徽省拥有一批国家级科研机构和重点高校，但科技成果转化并形成具有国内影响力的产业还不是很多。在新一轮产业转移浪潮中，科技创新资源也出现了从一线城市向外围地区扩散的趋势。为此，安徽省各地市也需要加强与一线城市的对接，吸引社会资本共同参与，从一线城市引入一批科技创新资源，培育一批引领型的新兴产业。

第一，引导本地企业通过嫁接或链接方式提升自主创新能力。一方面，地方政府要鼓励本地企业充分利用省内丰富的科技资源优势，支持一批行业龙头企业在创新平台建设、产学研协作、创新资源整合等方面发挥主导作用，加强与省内科研院所、高校合作组建具有法人地位的新型创新共同体，利用创新协作关系推动高校科研院所科技成果向本地企业转移转化。另一方面，地方政府也要鼓励家电、汽车、装备制造、电子信息等优势行业骨干企业整合国内外科技资源，将科研功能前移，在北京、上海等科技创新资源密集的城市设立研发总部，与省外重点高校共建校企联合实验室，实现创新资源引进和创新成果的引入转化。地方政府也可以在一线城市设立"城市创新驿站"，帮助本地成长性较好的创新型中小企业联系、对接一线城市的科技创新资源，并吸引社会资本共同参与科技成果产业化项目投资。

第二，通过承接产业转移引入区外创新资源和导入区外创新网络。深入对接长三角一体化发展、长江经济带发展、京津冀协同发展、粤港澳大湾区建设等国家重大区域战略，大力承接长三角、北京、珠三角等地区产业转移特别是新兴产业加工制造环节，借此引入一批专业技术人才、科技成果、创新资本等科技创新资源，并与北京、上海、广州、深圳、武汉等中心城市的科技型企业、科研院所和高校建立创新伙伴关系，加强与区外创新网络的互联互通，推动更广泛、更深入、更灵活的科技创新合作。

（三）组建平台型园区开发企业

在全省范围内，各地市的政府要鼓励社会资本参与有实力的园区开发企业的"二次创业"行动，使其转型升级为平台型园区开发投资公司。这些公司按照平台型园区开发企业的发展定位，扎实做好高标准的产业载体建设、营造高水平的产业生态环境以及与各级地方政府共同研究集成高价值的政策支持体系，参与市级产业投资基金运作，参与成立行业共性技术平台，提高优质产业项目的策划和招商引资能力。市级产业园区开发投资公司是专业从事园区规划建设、基础设施建设、招商引资、园区物业管理、企业融资服务、商务咨询等业务，并为园区企业提供个性化、菜单式服务的平台型园区开发企业（见图5－2和图5－3）。经各地市政府授权，市级产业园区开发投资公司可与各县（市、区）政府共同出资组建分公司，由分公司托管全市产业集聚区和服务业专业园区，与各县（市、区）政府共同招商、共同持有产业园区资产和共享产业项目收益。通过试点示范，这家平台型园区开发企业逐步完成对本市产业园区的整合管理，从而最终实

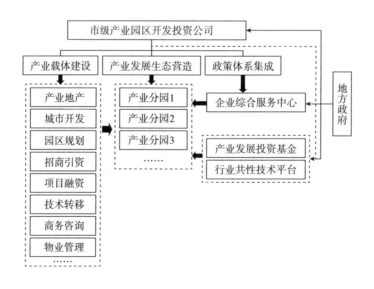

图5－2　市级产业园区开发投资公司组织框架构想

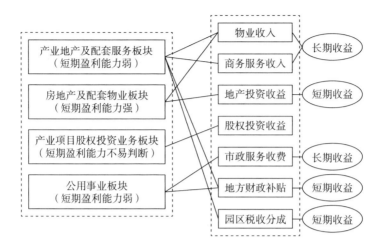

图5-3 市级产业园区开发投资公司业务盈利模式设计

现"多个产业园区、一个运营管理主体",进而避免产业园区遍地开花和恶性招商引资。

(四) 推动产业承接项目"三化"改造升级

随着新兴技术的广泛应用和产业加速融合趋势的到来,安徽省承接产业转移不仅是制造业项目的招商引资,更是吸引科技服务企业共同参与承接制造业项目的数字化、智能化和服务化改造,带动本地产业转型升级。然而在产业改造升级过程中,地方政府吸引金融资本介入、参与投资可以缓解制造业企业资金瓶颈,也可以帮助企业提高生产效率。

第一,大力实施制造业数字化改造。随着5G的大规模商业化应用,互联网技术正在重塑制造业流程、组织和生态,加速物联网对传统制造业的渗透。为此,在先进装备制造、汽车制造、家电、新型显示等行业领域,地方政府要引导企业利用物联网整合产业链条不同环节产生的数据信息,更加精确对接用户的个性化需求,建立基于个性化产品的研发、生产和服务的供需精准匹配生产制造体系。同时,引入互联网科技公司参与制造业企业大数据加工、存储和分析不仅能实现企业的合作互利共赢,还为社会资本"掘金"提供了重要的渠道和平台。

第二，扎实实施制造业智能化改造。利用新一轮科技革命与产业变革的机遇，地方政府要引进省内外科技服务专业企业，利用其先进制造工艺和设计能力帮助装备制造、有色、钢铁、化工、电子等行业企业在生产设备、技术工艺和生产组织方式等方面实施改造提升，完成连续性生产线的智能化改造和数据平台建设。另外，地方政府也要携手企业积极应对用工成本快速上涨的难题，引进省内外智能装备企业针对本地行业需求开发个性化的工业机器人，吸引金融资本提供设备融资租赁服务，在工作环境恶劣、危险工种、简单重复性劳动等生产环节率先实现"机器换人"，引导汽车、钢铁、有色等细分行业更大范围地使用工业机器人。

第三，推广实施制造业服务化转型。制造与服务融合发展是制造业转型升级的重要方向，要从加工组装或生产制造向"制造＋服务"转型，从单纯出售产品向出售"产品＋服务"转变。各地市地方政府要针对当地主导产业方向，选择先进装备制造、新型显示及应用、新材料等行业作为试点，大力发展服务型制造，发展定制化服务、网络化协同制造、提供系统解决方案等新业态。另外，在开放式创新浪潮的带动下，地方政府要鼓励企业通过互联网发布工艺、设备或技术难题需求信息，面向威客征集问题解决方案，解决数量众多的中小企业科技服务需求。此外，地方政府也要支持绿色农产品加工、文化工艺等传统行业企业与大型的电商企业开展合作，特别是网上销售、产品定制、物流配送等合作，形成制造、营销、品牌推广、物流配送等环节的高效协作。

（五）推动中央驻皖科研机构改革释放活力

中央驻皖科研机构技术积累深厚，专业优势突出，人才资源丰富，但多数机构长期处于孤岛式发展的状态，与当地产业不衔接不融合。在国家科技创新战略的带动下，中央驻皖科研机构将在深化改革中释放活力，特别是在央地协同创新领域，社会资本参与其中可以获得改革红利。

第一，积极争取中央支持，探索实施驻皖中央企业科研机构混合所有制改革。目前，驻皖央企科研机构有 15 家，主要分布在机械、冶金、电子等行业领域。中央企业混合所有制改革是激发企业发展内生动力的需要，是国有企业改革不可缺少的一部分。如果还只是像过去那样，将驻皖中央企业科研机构从城区搬到高新区发展，那么这些机构还是延续传统管理体制，继续停留于孤岛式发展路径，这必然会继续面临活力不足、机制老化等问题。对此，安徽省下一步应争取得到中央支持，驻皖央企科研机构可以率先探索混合所有制改革，组建有别于传统体制的市场化运作新型研发组织，形成一批具有竞争优势的创新载体。对于尚未完成从城区搬迁到产业园区的机构，地方政府应配合这些科研单位按照"先混改、后入驻"的思路先完成体制改革再启动实施搬迁，这样才能实现"穿新装、走新路"，也能逐步解决科研机构与地方融合发展的问题。

第二，发挥驻皖央企科研机构的作用，实施央地协同创新的"藤蔓计划"。围绕新兴产业发展方向，各地市的政府应着力支持实力较强、跨地发展和符合政策支持方向的央企科研机构作为行业协同创新的牵头单位，充分发挥其龙头带动作用，吸引相关单位和社会资本共同参与，形成央地协同创新的"藤蔓组合"，带动创新链、产业链、资金链与平台链有机融合，也带动央企母公司的资源向本地集聚、转化。安徽省有关部门应聘请资深的产业专家和科学家担任项目经理，指导项目牵头单位开展科技成果转化应用。

四、对策建议

为了解决当前安徽省产业承接和对接国家战略存在的一些难点痛点，安徽省有关部门有必要出台相关配套政策稳妥解决。对此，提出以下七点建议：

第一，研究出台省级产业转移税收分享实施办法。在《京津冀协同发展产业转移对接企业税收收入分享办法》实施经验的基础上，积极争取中央有关部门同意，研究制定实施省级产业转移对接企业税收收入分享政策，鼓励开展地方政府主导的产业转移对接协作，探索发展各种合作形式的"飞地经济"。放宽企业税收分享期限限制，分享期限直接由企业迁出地区和迁入地区协商确定。建立中介机构、专业企业参与产业转移对接的税收分享机制，原则上参照地方政府间的分享办法执行。

第二，鼓励各地市主动承接一线城市科技成果、初创企业、小试中试项目转移。除了承接一般制造业项目之外，各地市应派出小分队和突击队深入到北京、上海、深圳等一线城市调研拜访，专门对接一线城市的创新资源，特别是留学人员创业园、众创空间、科技企业孵化器、高校科研机构以及院士、"千人计划"专家等，吸引一批科技成果、初创企业等项目转移转化。

第三，支持有条件的产业园区实施产城融合转型升级。鉴于目前很多产业园区已初具规模，但城市功能配套严重滞后的情况。下一步，各地市应重点支持污染排放小、项目布局紧凑的产业园区率先探索产城融合发展模式或特色小镇发展模式，配套建设优质中小学校、医院等公共服务设施和公园、广场等休闲场所，借此带动本地农村转移从业人员就地城镇化，吸引外出人员回乡就业、创业。省政府有关部门应出台产业园区转型升级配套政策，在建设用地指标、基本公共服务、城市基础设施投融资等方面予以适当的政策倾斜。

第四，培养产业发展的耐心资本。鼓励各地市在产业投资基金之下成立科技创新基金，将这支子基金专注于新兴产业科技成果产业化投资，投资周期不加以严格限制，但有一个基本标准就是项目投产直至实现稳定盈利的状态。在科技创新基金的资金来源方面，吸引社会资本共同注资、配资，扩大资金的规模。在科技创新基金的使用方面，探索基金与社会资本联投、跟投，确保基金投向精准，降低基金投资风险。

第五，加快建设省域范围内高速、互联、智能的基础设施。有关部门应研究论证省域城际高速铁路网建设，加快实现3小时省内地市"城城通"。支持合肥都市圈大规模布局5G、人工智能、工业互联网、物联网等新基础设施建设，带动改善地区投资硬环境，促进相关配套产业跨越式发展。

第六，通过环保督察、园区绩效考评等手段促进产业高质量发展。一方面，成立全省产业转移环保专项督察组。督察组要派出人员对各地市近年来新开工项目进行检查，同步实行机动式现场检查、公众举报、无人机现场监测等方式，抓到违规线索就一查到底，严惩违法企业，对履职不力的地方官员进行问责。另一方面，组织开展各地市产业园区高质量发展考评工作。科学编制产业园区高质量发展的评价体系，针对不同类型园区实施差别化评价，对于考评不合格的园区，责令限期整改，收回闲置、低效土地，相应减少所在地的新增城市建设用地指标。

第七，进一步优化地区营商环境，打造服务型政府。规范基层政府招商引资行为，实施招商引资协议报省级政府备案制度，加大对新官不理旧账等行为督察问责。严格限制地方产业投资基金投向不符合国家产业政策方向的项目，引导地方政府创新产业基金运作模式，探索配合社会资本跟投的模式。搭建全省的政府服务企业平台，尽可能将行政审批事项、办理接口、流程跟踪、服务评价等环节放置在该平台上，让企业办事少跑腿、少走弯路。地方政府应继续深入推进行政审批事项改革，取消不必要的行政审批环节。各地市行政效能督察部门和纪检监察部门要建立政风监督检查机制，强化对政府服务企业工作的日常督察，及时查处故意刁难企业的不作为、乱作为的行为。

第六章 安徽省金融服务实体经济发展

一、安徽省金融服务实体经济发展的现状

近年来，安徽省金融运行总体平稳，社会融资规模和贷款保持合理增长，积极支持供给侧结构性改革，着力提升金融服务水平和效率，金融业持续快速发展，金融体系不断健全，金融规模不断扩大，金融改革不断深化，金融业服务经济社会发展取得显著成效，为安徽实体经济发展营造稳健的货币金融环境。统筹做好金融服务实体经济、深化金融改革、防控金融风险三大任务，突出落实"稳金融"各项部署，防范金融风险使"三项行动"有效推进，实现金融运行、金融舆情、融资集资人员涉稳总体稳定。

（一）金融总量快速增长

截至 2018 年末，五年来，金融机构人民币各项存款余额从 2014 年末的 29817.7 亿元增至 2018 年末的 50677.3 亿元，增长 70%。其中，非金融企业存款余额从 8999.5 亿元增至 14929.1 亿元，增长 65.89%；住户存款余额从 15178.7 亿元增至 22994.8 亿元，增长 51.5%。金融机构人民币各项贷款余额从 2014 年

末的 22088.3 亿元增至 2018 年末的 38815.3 亿元，增长 75.73%。其中，境内短期贷款余额从 7698.1 亿元增至 10532.5 亿元，增长 36.82%；境内中长期贷款余额从 13164.3 亿元增至 25750.1 亿元，增长 95.6%。全省累计实现直接融资 5771.6 亿元。五年来，全省新增 A 股上市公司 24 家，累计达 103 家，上市公司通过境内市场累计筹资 2572.3 亿元，企业发行短期融资券累计 3049.9 亿元。五年来，累计保费收入 4464.2 亿元，累计赔付支出 1685.7 亿元。2018 年末，全省保险深度 4%，保险密度 1913 元/人。2018 年，全省新增贷款 4278.8 亿元，实现直接融资 5771.6 亿元，融资增量合计达 10050.4 亿元；金融业增加值占 GDP 比重 6.88%，创历史新高；全年新增贷款比年初增长 12.2%；保险业保费收入 1209.7 亿元，赔付 419.2 亿元，分别增长 9.26% 和 5.3%；新增境内外首发上市企业 7 家、"新三板"挂牌企业 26 家、省区域性股权市场挂牌企业 1127 家，直接融资额连续 3 年每年在全国排名前移 1 位；融资担保机构 245 家，在保余额 2131.9 亿元，放大倍数为 4.03 倍（见表 6-1）。

（二）金融业对经济的贡献度逐年提高

五年来，全省金融业增加值年均增长 19.45%，2018 年末金融业增加值达 2064.47 亿元（见表 6-2），占全省 GDP 的 6.88%，创历史新高，同比上升了 0.83 个百分点，已成为安徽省经济发展重要支柱产业。金融业对经济增长贡献持续加大，存贷款总量稳步增长，2018 年末，全省金融机构人民币存款余额 5.07 万亿元，同比增长 11.1%，增速居全国第 1 位；人民币贷款余额 3.9 万亿元，同比增长 12.6%，保持在领先 GDP 增速合理区间。融资担保和保险增信分险功能有效发挥。政策性担保机构融资担保在保余额 1909 亿元，担保费率仅为 1.14%。安徽省认真落实小微企业、"三农"信贷优惠政策，12 月末，全省小微企业贷款余额 13285.6 亿元，同比增长 12.79%，高于平均贷款增速 0.59 个百分点；涉农贷款余额 12420.2 亿元，同比增长 11.7%。全省共安排续贷过桥资金 38.7 亿元，累计扶持企业 13018 户；"税融通"累计发放贷款 158.1 亿元，服务企业 7593 家；新型政银担业务新增放款 909 亿元，服务企业 63115 家。"劝耕贷"实现全省农业县全覆盖。

表6-1　近五年安徽省各项金融指标及增速

项目	2014年			2015年			2016年			2017年			2018年		
	年末数	增长率	全国平均增长率	年末数	增长率	全国平均增长率	年末数	增长率	全国平均增长率	年末数	增长率	全国平均增长率	年末数	增长率	全国平均增长率
本外币存款余额(亿元)	30088.8	11.70	—	34826.23	14.30	—	41324.3	18.50	—	46146.9	11.60	—	51199.2	10.90	—
本外币贷款余额(亿元)	22754.7	15.60	—	26144.36	14.90	—	30774.5	18.40	—	35162	14.20	—	39452.7	12.20	—
金融机构人民币各项存款余额(亿元)	29817.7	11.50	9.60	34482.9	14.20	12.40	40856.2	18.50	11.30	45608.9	11.60	8.80	50677.3	11.10	7.80
其中:非金融企业存款余额(亿元)	8999.5	—	5.40	10268.4	14.10	13.70	12923.5	25.90	16.60	14202.2	9.90	7.70	14929.1	5.10	3.10
住户存款余额(亿元)	15178.7	—	8.90	17015.3	12.10	8.90	18857.6	10.80	9.90	20538.2	8.90	7.50	22994.8	12.00	11.10
广义政府(亿元)	5367.3	—	—	6354.9	18.40	—	8126.6	27.90	—	9400.6	15.70	—	10504	11.70	—
金融机构人民币各项贷款余额(亿元)	22088.3	15.70	13.30	25489	15.40	13.40	30180.7	18.40	12.80	34481.2	14.20	12.10	38815.3	12.60	12.90
其中:境内短期贷款(亿元)	7698.1	4.80	7.90	8347.9	8.40	7.30	9160	9.70	3.60	9913.5	8.20	8.20	10532.5	6.20	7.80
境内中长期贷款(亿元)	13164.3	20.20	15.00	15158.1	15.10	14.20	18469.9	21.90	17.80	22431.7	21.50	18.20	25750.1	14.80	13.80
社会融资(亿元)	4262.2	-14.20	-5.10	3574.6	-6.10	—	6283.5	75.80	—	7038.3	12.00	12.00	—	—	—
直接融资(亿元)	1738.34	60.47	—	2980.34	7.45	—	4384.97	47.13	—	5893.4	34.40	—	5771.6	-2.07	—
上市公司(家)	80	—	—	88	—	—	93	—	—	100	—	—	103	—	—
上市公司市价总值(亿元)	7041.6	48.80	—	11234.3	59.50	—	10896.7	-3.00	—	13504.2	27.50	—	7903	-32.30	—
其中:境内市场累计筹资(亿元)	190.1	—	—	271.8	—	—	1035.7	—	—	539.6	—	—	535.1	—	—

续表

年份 项目	2014 年			2015 年			2016 年			2017 年			2018 年		
	年末数	增长率	全国平均增长率	年末数	增长率	全国平均增长率	年末数	增长率	全国平均增长率	年末数	增长率	全国平均增长率	年末数	增长率	全国平均增长率
短期融资券（亿元）	479	—	—	838.5	—	—	580.1	—	—	581.9	—	—	570.4	—	—
证券经营机构证券代理成交额（亿元）	26532.9	—	—	82533.7	—	—	50474.6	—	—	50305.7	—	—	43400	—	—
期货经营机构代理交易量（亿元）	150375.6	—	—	258800	—	—	160627.1	—	—	153100	—	—	205500	—	—
保费收入（亿元）	572.3	18.50	17.50	698.9	22.10	20.00	876.1	25.40	27.49	1107.2	26.40	18.16	1209.7	9.30	3.93
其中：财产险（亿元）	241.4	18.50	15.95	273.4	13.20	11.00	312.8	14.40	9.13	366.3	17.10	12.72	408.8	11.60	9.51
人身险（亿元）	330.8	18.50	18.37	425.6	28.60	24.98	563.3	32.40	36.51	740.9	31.50	20.30	800.9	8.10	1.87
赔款和给付（亿元）	234.4	5.10	16.14	276.9	18.10	20.21	357.5	29.10	21.20	397.7	11.20	6.35	419.2	5.40	9.99
其中：财产险（亿元）	127.4	10.50	10.15	140.1	10.00	10.72	175.1	24.90	12.68	187	6.80	7.64	222.8	19.10	15.92
人身险（亿元）	107	-0.70	23.58	136.7	27.80	30.69	182.4	33.40	29.17	210.7	15.50	5.29	196.5	-6.70	5.05
保险深度（%）	3	—	—	3	—	—	4	—	—	4	—	—	4	—	—
保险密度（元/人）	945	—	—	1146	—	—	1252	—	—	1757.4	—	—	1913	—	—
融资担保在保余额（亿元）	1530	10.08	—	1596.13	4.32	—	1838.69	15.20	—	1935	5.24	—	2131.9	10.18	—

资料来源：根据国家统计局、安徽省统计局、安徽省人民政府、人民银行合肥中心支行、安徽银保监局、安徽证监局网站资料整理。

表6-2　五年来安徽省金融业主要指标

金融业主要指标	2014年	2015年	2016年	2017年	2018年	年平均增长率（%）
全省金融业增加值（亿元）	1046.67	1241.87	1447.02	1663.59	2064.47	19.45
本外币存款余额（亿元）	30088.8	34826.23	41324.3	46146.9	51199.2	14.03
本外币贷款余额（亿元）	22754.7	26144.36	30774.5	35162	39452.7	14.68
直接融资（亿元）	1738.34	2980.34	4384.97	5893.4	5771.6	46.4
保险赔付（亿元）	234.4	276.9	357.5	397.7	419.2	15.77
融资担保在保余额（亿元）	1530	1596.13	1838.69	1935	2131.9	7.87

资料来源：安徽省统计局。

（三）金融体系不断完善

2018年全年新增银行保险分支机构342家。截至目前，全省已有16类195家银行业金融机构，各类证券经营机构348家，法人和省级保险机构66家，种类齐全、覆盖城乡、服务有效的金融组织体系基本形成。截至2019年3月底，全省共有开发性银行1家、政策性银行2家、国有商业银行5家、邮政储蓄银行1家、全国性股份制商业银行10家、外资银行4家、城市商业银行4家、农村商业银行84家、金融资产管理公司4家、信托公司1家、企业集团财务公司6家、汽车金融公司2家、金融租赁公司2家、村镇银行65家、农村资金互助社1家，证券期货法人机构5家、证券期货分支机构296家，保险市场主体73家。此外，全省共设立小额贷款公司445家、融资担保公司237家、融资租赁公司55家和典当公司370家。全省形成了银行、证券、保险、信托、期货、基金等传统业态与汽车金融、财务公司、金融（融资）租赁、小额贷款公司、融资担保公司、典当、P2P、众筹等新兴业态共同发展的多元化金融组织体系（见表6-3、表6-4和表6-5）。

表6-3　2018年安徽省银行业金融机构情况

机构类别	营业网点			法人机构（个）
	机构个数（个）	从业人数（人）	资产总额（亿元）	
大型商业银行	2360	47382	21671	0
国家开发银行和政策性银行	92	2264	7341	0

续表

机构类别	营业网点			法人机构（个）
	机构个数（个）	从业人数（人）	资产总额（亿元）	
股份制商业银行	347	7741	5956	0
城市商业银行	472	10223	10270	2
小型农村金融机构	3120	33691	12827	84
财务公司	6	189	544	6
信托公司	1	163	73	1
邮政储蓄	1773	15390	4706	0
外资银行	5	190	157	0
新型农村金融机构	298	4213	656	68
其他	9	1379	1266	5
合计	8483	122825	65467	166

注：营业网点不包括国家开发银行和政策性银行、大型商业银行、股份制商业银行等金融机构总部数据；大型商业银行包括中国工商银行、中国农业银行、中国银行、中国建设银行和交通银行；小型农村金融机构包括农村商业银行、农村合作银行和农村信用社；新型农村金融机构包括村镇银行、贷款公司和农村资金互助社；"其他"包括金融租赁公司、汽车金融公司、货币经纪公司、消费金融公司等。

资料来源：安徽银保监局。

表6-4 2018年安徽省证券业金融机构情况

项目	数量
总部设在辖内的证券公司数（家）	2
总部设在辖内的基金公司数（家）	0
总部设在辖内的期货公司数（家）	3
年末国内上市公司数（家）	103
当年国内股票（A股）筹资（亿元）	47
当年发行H股筹资（亿元）	0
当年国内债券筹资（亿元）	1460
其中：短期融资券筹资额（亿元）	487
中期票据筹资额（亿元）	627

注：当年国内股票（A股）筹资额指非金融企业境内股票融资。

资料来源：安徽证监局。

表 6 – 5　2018 年安徽省保险业基本情况

项目	数量
总部设在辖内的保险公司数（家）	1
其中：财产险经营主体（家）	1
人身险经营主体（家）	0
保险公司分支机构（家）	72
其中：财产险公司分支机构（家）	34
人身险公司分支机构（家）	38
保费收入（中外资，亿元）	1210
其中：财产险保费收入（中外资，亿元）	409
人身险保费收入（中外资，亿元）	801
各类赔款给付（中外资，亿元）	419
保险密度（元/人）	1920
保险深度（%）	4

资料来源：安徽银保监局。

（四）金融业运行质量良好

2018 年末，安徽金融业总资产达 42797.5 亿元，其中，银行业 36227.2 亿元，证券业 1042.9 亿元，保险业 1538 亿元；银行不良贷款余额和不良贷款率持续保持"双降"，全省银行业金融机构不良贷款余额 505.2 亿元，不良贷款率 1.93%，比 2010 年末下降 1.77 个百分点，资产质量位居全国前列；法人银行机构资本充足率为 14.1%。

（五）重点领域和薄弱环节金融服务得到强化

2018 年 12 月末，全省小微企业贷款余额 13285.6 亿元，同比增长 12.79%，高于平均贷款增速 0.59 个百分点；涉农贷款余额 12420.2 亿元，同比增长 11.7%。全省共安排续贷过桥资金 38.7 亿元，累计扶持企业 13018 户；"税融通"累计发放贷款 158.1 亿元，服务企业 7593 家；新型政银担业务新增放款 909 亿元，服务企业 63115 家。2018 年，引导金融机构集中推出"信 e 贷""易连贷""惠农贷"等创新产品，开展线上贷款审批和无还本续贷。全省民营小微企业贷款新增316.27亿元，新增7家首发上市企业中民营企业有6家，存量民营上市公司、民营"新三板"挂牌企业占比达55.3%和92%。

（六）完善金融支持创新机制

通过"创投先行、信贷跟进、保险支持、上市助推"等多种方式，安徽省重点解决种子期、初创期中小企业融资难题。通过加大体制机制改革力度，推动原始创新、技术创新、产业创新联动发展，加快推动创新成果转化为现实生产力。在创投先行方面，安徽省设立总规模670亿元的省级股权投资基金，涵盖企业初创期、成长期、成熟期等全生命周期，其中对总规模20亿元的省级种子投资基金和150亿元的省级风险投资基金，允许投资失败容忍度分别达到50%、30%。在信贷跟进方面，截至2018年末，在全省10家科技支行探索建立单独授信管理和风险容忍机制，为3569家科技型中小企业发放贷款1094.85亿元，较2017年初增长26.14%。在保险支持方面，人保财险、太保财险和平安财险分别在皖设立科技保险支公司，试点采取差异化的考核评价体系，单独制定承保和理赔政策，为50多项首台（套）装备提供风险保障10.2亿元。在上市助推方面，在安徽省股交中心设立科技创新专版，为科技型企业提供挂牌展示、托管交易、投融资服务、培训辅导等具有低门槛、低成本、形式灵活的服务，截至2018年10月，累计覆盖938家中小科技企业，实现股权和债权融资8.12亿元。

（七）改革创新稳步推进

农村金融综合改革有序推进，改制组建83家农村商业银行，在全国率先完成全部农村合作金融机构改制并组建农村商业银行。徽商银行分支机构遍及全省县域，村镇银行实现了县域全覆盖，形成了省市县三级功能互补、上下贯通的政策性融资担保体系。新型政银担合作模式试点顺利推进，省区域性股权交易市场成功设立，小微企业金融综合服务平台作用初显，小额贷款公司、典当行、融资担保公司等规范有序发展。加快推动绿色金融发展，积极做好绿色金融改革创新试验区申报工作，开展绿色发展行动重点项目银企对接，积极筹备召开绿色金融合肥峰会。全省新发行 40 亿元绿色金融债券。不断深化科技金融发展，围绕科技创新企业发展需求，积极发展专业化金融组织服务体系。全年全省设立科技支行 7 家，科技融资担保公司 1 家，有 69 家政策性融资担保机构开展科技融资担保业务，科技保险试点推广至全省。积极对接上交所科创板设立和注册制试点，摸排遴选近 400 家"冲刺"企业。推动地方法人金融机构改革发展。支持国元集团更名为国元金融控股集团，批设安徽省科技融资担保有限公司。会同有关部门研究起草深化省联社改革方案。积极争取省出版集团财务公司和国元人寿保险公司筹建。加快建设省级股权投资基金体系，省级股权投资基金累计设立子基金 13 只，累计已达 27 只。支持区域性股权市场加快发展，省股交中心挂牌企业 2986 家，居中部第二位、全国第五位。

（八）风险防控能力持续增强

农村信用体系建设工作稳步推进。县域动态信用信息采集机制初步建立，以县（市、区）为单位的农户、农村企业、农村经济组织等涉农主体信用信息采集工作全面开展。国有企业结构性去杠杆取得积极成效，持牌金融机构重大风险得到稳妥处置。非法集资专项整治行动、清理整顿各类交易场所"回头看"行动、互联网金融风险专项整治行动全面推进，推动交易场所分类整合。金融领域信访突出问题"深督导、重化解、促落实"专项行动深入开展。全省未发生大规模、群体性事件，实现金融运行、金融舆情、融资集资人员涉稳总体"三个稳定"。在 2018 年非法集资风险专项排查中，共排查重点领域机构 4.26 万个，发现问题机构 303 个，问题机构涉及人数 2.33 万人，涉及金额 8.13 亿元；通过排查整改机构 256 个，清理机构 5 个，立案查处机构 29 个。集中侦破一批互联网金融重特大案件，截至 2018 年 12 月末，全省互联网金融存量业务规模 33 亿元，较整改初期下降 54%，在营机构 44 家，较整改初期下降 43%。

二、安徽省金融服务实体经济发展存在的问题

金融是实体经济的血脉，2018 年全省金融业增加值占 GDP 比重达到 6.88%，创历史新高。在诸多矛盾叠加、风险隐患交汇的挑战下，取得这样的成绩实属不易。但金融和实体经济良性循环尚未形成，实体经济特别是民营企业和中小微企业融资难、融资贵问题未能根本缓解，金融政策执行督查落实还需强化，金融供给侧结构性改革任重道远。总体来看，金融服务实体经济发展存在以下六个问题：

（一）资金利用率和回报率不高

2018 年安徽省 GDP 占全国 3.33%，金融业增加值占 2.99%，新增社会融资规模占 2.7%，新增贷款占 2.7%，高于 GDP 占比的只有新增存款占 3.7%。新增存款占比较高，说明了金融业存在信贷增量的短板，也就是资金利用率和回报率不高。

（二）金融传导不畅

习近平总书记在 2019 年中共中央政治局第十三次集体学习时强调，"金融要为实体经济服务，满足经济社会发展和人民群众需要。金融活，经济活；金融稳，经济稳。经济兴，金融兴；经济强，金融强。经济是肌体，金融是血脉，两者共生共荣。"2018 年，国家采取 4 次定向降准等强有力的金融宏观调控措施，安徽省贷款余额接近 4 万亿元，新增贷款 4279 亿元，但最后环节传导还不够畅通，实体经济感受不明显。安徽省贷款余额增速在连续 12 年保持高于全国平均水平后，2018 年首次低于全国平均水平，位居全国第 13 位、中部第 5 位。

（三）金融结构不优

从贷款投向看，2018 年全省工业贷款仅增长 3.1%，制造业贷款仅增长 0.4%，农林牧渔业下降 17.9%，而新增房地产贷款占各项贷款的 64%，加上基建类贷款，比重超过 80%。从贷款期限看，支持企业稳定发展最为相关的中长期贷款仅增加 1019 亿元，同比少增 946 亿元，在中部六省中是最少的。银行比较喜欢短期贷款，超过三年的贷款一般很难申请到。

（四）民营企业融资难、融资贵问题没有根本缓解

民营经济是安徽省不可或缺的力量，贡献了全省 56.8% 的生产总值、68% 的税收、70% 的技术创新成果、80% 的城镇劳动就业，但民营企业在融资方面存在以下几个问题：一是融资慢，部分银行金融机构因贷款审批权限上收，银行向企业发放一笔贷款从申请到批准程序较多、时间较长。二是期限短，银行金融机构出于风险考虑，对中小企业多采用短期流动贷款，到期后需"先还再贷"，增加续贷成本。三是门槛高，金融机构对中小微企业贷款抵押物要求较高，金融机构"惜贷"现象依然存在。2018 年全省金融机构发放小微企业贷款的利率呈下降趋势，但总体来看，贷款利率比大中型企业利率上浮幅度较大，仍有进一步下降空间。

（五）融资模式的创新不够

目前，企业融资的主流还是依托于传统的间接融资模式，特别是针对于中小微企业融资需求，高效、快捷、便利的融资方式不多，科技和金融的创新结合程度还远不能满足社会经济发展各个层面的需要。中小微企业区别于大企业的弱势地位依旧明显，对融资模式和融资工具的认知和接受程度也十分有限。

（六）直接融资地域发展不平衡

合肥、芜湖上市公司数量占全省 56.3%，宿州、淮南、六安、马鞍山、芜

湖、池州、安庆、黄山 8 市没有完成直接融资序时进度，12 个市没有新增境内外上市公司，13 个市没有完成"新三板"挂牌序时进度。

三、安徽省金融服务实体经济发展现存问题的原因分析

（一）国家层面

目前，企业界"脱实向虚""以钱生钱"热潮不减，金融与实体经济分离趋势日益明显，在长期存在的结构性矛盾和粗放型增长方式尚未得到根本改变的转型发展攻坚期，实体经济企稳回转面临着与日俱增的双重压力。虽然国内金融改革和金融政策在以往思路上已做出适当调整，但金融支持实体经济的有效性以及实体经济发展的不平衡、不充分、不协调等问题一直存在。

（二）地方政府层面

第一，政策制定上失衡。各级政府对发展地方经济、招商引资政策制定较多，在金融支持实体经济发展的奖励政策、促进中小微企业发展的优惠措施、投融资风险制度的化解方面力度较小；在人才培养和引进、税收合理化负担、投融资服务等方面存在缺陷和不足；对投融资机制的建立缺少统一规划和宏观管控，如政府为战略性新兴产业和农业提供的财政性资金支持覆盖面很低，各类财政发展基金及风险损失补偿基金不足，使战略性新兴产业、农业产业发展后续乏力。尤其政府政策性融资担保体系功能尚未完善，保险机构提供商业保险产品不多，这种融资担保现状，使大量的中小战略性新兴产业和农业企业陷入融资担保的泥潭，也让银行机构信贷望而却步，特别在农村三权确权颁证推进缓慢。为激活农地、农房、林权等农村资源，中央和省委省政府先后出台系列政策制度，但当前

农村土地确权颁证进度缓慢，农房、林权颁证率不高，加之流转、处置市场不健全，导致三权抵押贷款"雷声大、雨点小"，落实不了。

第二，全社会信用体系建设不系统、不全面、不充分，违法成本低。没有形成全社会的信用氛围，守不守信显得不怎么重要；没有建立全社会的信用体系，条块分割，起不到威慑、制裁作用；失信惩戒力度小，违约成本低，助长了违约，导致恶意违约事件时有发生。

第三，改革创新力度欠缺。法律法规永远赶不上创新业态的生长，混业经营分业监管造成了监管严重滞后。加强市场前瞻性研究、提高判断分析能力，立足创新监管制度，及时适度监管。

第四，地方金融监管有待加强。地方金融监管在实施监管过程中，除了行业监管规定外，存在着无法可依、无权执法的问题。在当前的金融体系内，各种各类金融工具及其衍生工具品种繁多，跨行跨业的经营模式和业务层出不穷，穿透式监管势在必行，地方金融监管在这个方面手段和能力非常有限，金融监管的体制和机制在地方上尚未实现有机整合，金融监管力量分布不均、分散于各行业管理部门的现象实际存在。地方法人银行不良资产、不良率偏高，个别国有企业杠杆率较高。地方金融监管体系有待加强，目前省级地方金融监管系统人员、编制、机构配备较为完善，但市、县（区）两级金融监管力量明显不足，部分县（区）甚至未单独设立地方金融监管部门。

（三）金融机构层面

从银行角度来说，第一，支持实体经济的政策落实不到位。国务院和中国人民银行等部门多年多次下发信贷政策文件，坚持强调加大对实体经济的金融支持力度，但是由于对政策的贯彻落实缺少监督和有效考核，受自身风险防控的需要，不仅已有支持实体经济的信贷政策严重不到位，且在已有收紧信贷规模时，对实体经济企业抽贷，而对于小市场、小规模的小微实体企业贷款更是严格审查，支持甚微。

第二，金融资源配置投向失准。金融体系的功能不能完全适应实体经济转型升级和发展的需要，在结构调整产业转型升级特别是供给侧改革的过程中表现为：商业银行依托贷款形式，通过利率管制压低资金成本，为重资产的制造业和固定资产投资服务，实体经济体系中大量轻资产的现代服务业、绿色环保产业、高科技产业、文化艺术产业、新兴产业则处于金融服务的薄弱环节。这样就造成严重的资源错配和浪费，实体经济融资需求得不到满足。

第三，产品和模式创新不够。一是产品和模式陈旧，束缚了为实体经济发展的能力。商业银行的一些产品和服务模式几十年一贯制，跟不上市场和客户需求。一些金融机构仍守着传统的信贷文化和制度流程，不考虑市场和客户的真正需求，新的信贷产品推出少，且产品准入门槛高、贷款条件严，难以被客户所接受。比如在新兴产业发展中如动漫、电子商务、健康养身、教育等轻资产行业信贷支持上，金融机构没有在客户准入、资产评估、抵押担保、信贷流程上进行针对性创新。二是因为管理体制束缚，产品和服务与实际脱节。目前，大部分金融机构信贷产品研发权主要集中在总行，基层行没有产品和服务的权限，而基层行又处在产品和服务的第一线，最了解客户的需求。总行在推出的信贷产品和服务时，往往针对性不强，难以得到推广运用。三是缺乏相应的创新激励机制。金融机构对信贷产品创新工作的激励机制相对比较僵化，有的甚至缺乏，特别是全员创新机制缺乏，一线员工关注不多，难以充分调动员工创新工作的积极性。

第四，银行对政府和企业的信息不对称，甚至缺乏了解。由于管理体制的原因形成条块分割，银行对政府的经济发展规划、发展的重点行业，以及需要解决的重点、难点、热点问题了解不够，对拟支持企业的管理水平、投资运营、经营变化、经济效益等情况掌握不充分，而政府对银行也没有管辖权，只能联系建议，由于银政、银企信息不对称，导致银行信贷支持不及时或不敢、不愿支持。

（四）企业层面

从企业来说，存在的问题更是不容小觑。

第一，企业家综合素质普遍不高，导致中小企业的质量不好。这也是中国企业面临最大的问题，也是中国企业平均寿命短的主要症结所在。主要体现在：一是经营意识不健康，存有"捞一把"思想的大有人在，一做就要做大做强，少有稳健经营、持续发展的理念。二是法律法规意识淡薄，特别是民营企业家，没有钱时拼命赚钱，有钱后，为所欲为，赌博、吸毒等，精力一旦不在企业上，企业就不行了。三是没有科学管理的思想，常常是一个人说了算，"家族式"管理盛行，决策盲目，企业容易出问题。四是缺乏金融知识，没有融资和资本运作的经验，对国家和银行的信贷政策、制度不掌握，对融资相关操作流程不熟悉，没有主动争取银行支持的理念，对如何与银行对接并寻求信贷支持知之甚少甚至一无所知。同时缺乏应有的金融知识，不懂如何融资，不知如何借贷或怕麻烦等因素，偏好于借助民间借贷，导致企业财务成本居高不下。五是企业家社会诚信和信誉度不高。部分企业尤其是小微企业负责人信用意识淡薄，诚信意识不强，逃避银行债务现象时有发生。小微企业不良率普遍上升，导致企业整体形象差，社会信誉度不高，使银行产生"惧贷"，提前抽贷，也是小微企业得不到银行支持的重要原因。

第二，企业经营风险较高，主要表现为：一是企业对市场的适应能力不强，很多企业停留在简单的"干实事"上，缺乏对市场风险和政策风险的分析研判，一有风吹草动，企业就适应不了。二是企业的管理能力不高、技术能力不强，很多企业经营管理能力不高、产品技术含量低、企业抗风险能力弱等问题十分突出，由于缺乏可持续发展能力，企业负债水平整体偏高，从而使银行信贷部门放贷风险过高。三是企业缺乏核心竞争力。中小企业缺乏先进的价值理念做指导，只注重短期经济效益而不注重企业文化的培育，片面强调公司或个人利益而缺乏对社会和公众的服务意识，中小企业的价值观中过分强调物质层面而忽视了员工内心的需求等；企业组织结构不够科学，存在战略管理不够合理，以至于企业的制造成本和管理成本较高；中小企业普遍存在技术水平较低，创新能力不足，产品同质化比较严重，企业信息化技术水平不高，企业管理队伍素质偏低，尤其是缺乏高技术人才。

第三，企业的会计核算不规范，财务制度不健全、不透明。这导致了银行对企业的信任不够。大部分中小微企业内部管理制度特别是财务管理制度不健全，会计核算不规范，"两本账"或"三本账"现象普遍，缺乏完善的财务制度，报送到银行和税务部门的数据有很大出入，使银行难以准确掌握企业真实情况，极大地影响了银行放贷的积极性。

第四，抵（质）押物缺乏、担保措施落实难。由于商业银行的政策刚性，授信担保对固定资产抵押、动产质押存在偏好，一般不愿接受企业的流动资产抵押和权利质押，即使接受也有很高的门槛，导致大部分企业难以提供有效抵（质）押。尤其是科技型企业和新型服务业企业，以知识产权为主的无形资产占到较高比例，由于目前对知识产权质押、评估及交易的体系尚不健全，用知识产权进行质押贷款、转让或引资均受到影响，难以满足金融机构的放贷要求。同时企业通过担保机构寻求担保时，由于多数担保机构与银行要求相似，且贷款的期限较短，最长不超过一年，基本只对短期流动资金贷款，加大了企业的融资难度。

四、安徽省金融服务实体经济发展建议

（一）优化金融服务实体经济发展的生态环境

第一，加强金融公共服务体系建设。改善服务体制机制，为金融服务实体经济发展提供特色、专业化服务。探索完善省公共信用信息共享服务平台功能，建立覆盖各类地方金融机构的普惠金融征信系统，归集全省民营企业和小微企业等各类主体信用信息，降低信用成本。大力开展"千名行长进万企"行动，针对不同类型、不同发展阶段的民营企业和小微企业量身定制金融产品和服务。开展好普惠金融"惠"皖江活动，常态化推进"四送一服"双千工程银企对接。

第二，加强金融法治环境建设。首先，建议省政府研究制订融资规范、保障债权等金融规章制度，完善金融监管及问责制度，完善金融法制环境。其次，政

府主动建立监管部门、行业组织、市场主体和社会公众等多方参与的教育体系，加强法制宣传，不断提高经济主体金融风险防范意识、法制意识。最后，增强金融先行、金融支持的宣传教育，深入开展金融知识的社会普及工作，深化金融概念以及科学理财意识，培育科学投资文化，发挥金融财富功能，帮助人民实现财富保值增值。

第三，加强金融保障实施机制建设。充分发挥省金融工作领导小组统一领导和统筹协调作用，研究解决规划实施过程中出现的新情况和新问题，主动争取国家层面对安徽金融业的更大支持。按照"属地管理、权责统一"的原则，加强地方政府金融监管能力建设，建立责任追究制度，推动地方金融工作职能由当前以服务协调为主，加快向服务和监管并重转变。制定完善促进金融业发展的政策举措，加大对金融机构、金融基础设施等重点领域的扶持。加强财政资金引导，完善小微企业贷款风险补偿机制，充分发挥财政资金杠杆作用，撬动、吸引社会资本积极支持金融业发展。认真落实国家有关促进金融业发展的税收政策，完善各级政府支持和促进金融业发展的扶持政策。

（二）拓展金融服务实体经济发展的融资渠道

第一，主动拓宽间接融资渠道。商业银行作为金融服务主体，银行信贷是主要融资渠道。需要多措并举，增强融资保障能力，增强吸引储蓄资金能力集聚资本，将储蓄资金投向生产部门扩大再生产的同时，建议与总行积极争取信贷额度，增加资金供给总量，缓解实体经济发展资金供求矛盾；积极主动引入多方资金源，盘活存量资金，保证信贷投入的较快增长，满足信贷需求；创新和灵活运用信用贷款、融资担保、抵押担保等多种贷款方式，确保重点建设项目、重点企业的资金供应，保持贷款投放的连续性和稳定性；优化信贷结构，促进信贷资金向自主创新、战略性新兴产业、现代服务业、节能环保、社会民生、个人消费等领域倾斜，助力调整产业结构，促进实体经济科学健康发展。政策性银行以服务实体经济发展为宗旨，坚持政策导向，做好农业产业化发展、特色产业发展、中小微企业发展等支持工作的同时，深化制度改革，完善组织机构建设，优化资产负债结构，促进内生性增长，加快发展信贷资产证券化，利用政策性优势向市场化经营与运作转型。

第二，努力扩大直接融资比重。坚持在审首发上市项目和在审上市公司再融资及并购重组项目并举，企业境内多层次资本市场上市挂牌与境外上市挂牌并行，稳定企业家资本市场预期，强力推进企业上市和股权融资。精选一批科创板冲刺项目，精准对接上交所科创板上市条件，力争全省科创板首发上市实现突破。充分发挥省级股权投资基金功能作用。加大企业上市挂牌、私募股权投资基金落户及投资企业等奖励政策宣传力度，推动多层次资本市场"安徽板块体系"持续做大规模、做优体系、做强实力。

第三，发展地方交易市场平台。统筹优化各类交易场所的区域和行业布局，推动设立一批符合实体经济发展需求、风控机制较为健全、具有较强影响力和集聚力的交易场所。支持省股权托管交易中心增资扩股，壮大资本实力，拓展业务范围，增强服务能力。推动农村产权流转交易市场健康发展，建立集信息发布、交易组织、咨询、投融资、电子交易平台等为一体的农村产权流转交易机构，逐步形成全省统一联网的农村产权流转交易市场体系。

第四，积极引导利用民间资本。在符合法律规范，规避金融风险的同时，放宽民间金融市场准入限制，建设普惠金融体系。引导民间资本大力发展专业投资机构，推动民间资本设立创业投资基金、产业投资基金、金融中介服务机构、融资担保公司、小额贷款公司等，发起或参与设立村镇银行、农村资金互助社等金融机构。研究设立 PPP 产业基金，助推民间资本通过 PPP 模式，更好地参与基础设施建设，促进实体经济发展。同时引入民间资本成立投资银行，为基金规范运作提供专业机构和专业人员，为企业重组、资本运作等提供专业服务。

综合考虑实体经济发展现状及发展需求以及金融服务实体经济发展现状，PPP 作为公私部门合作伙伴关系的融资模式，是具有灵活性以及多样性的优质选择。为促进经济发展，政府主动寻求日益壮大的民间资本、私人部门开展合作。双方以公共利益为核心，共同投资、共担风险、共享回报，有效整合国家及社会资源。PPP 项目一方面帮助政府减轻财政压力，缓解信贷压力，降低资金成本，在政府得以更好发挥作用的同时使社会公众得到更高质量的公共产品或服务的有效供给；另一方面为私人部门、民间资本、社会资金创造市场发展空间，激发市场活力与创新，更好地体现市场力量。在双方互利互补的同时，提高了区域金融资源配置和利用效率，促进实体经济的发展。

（三）完善金融服务实体经济发展的布局体系

完善金融布局。积极加强区域金融合作。主动强化长三角金融合作，充分利用长三角金融协调发展的合作机制，积极参与长三角区域的金融市场联动、产业整合和管理创新，承接长三角的金融市场、国际金融服务和金融产业链及金融后台服务系统向安徽延伸；着力加强与长江经济带区域内省份的联系互动，借助区位优势，进一步推动区域金融创新、金融服务的沟通协作，在产品研发与营销、资源共享、风险防范、人才交流等方面加强协作，实现金融资源跨区域优化配置。

合理配置区域金融资源。着力建设金融集聚区，积极推动金融资源在中心城市有效集聚，提升金融产业的规模化水平。支持合肥建设省区域性金融中心。借助安徽列入国家系统推进全面创新改革试验区域的契机，以合芜蚌国家自主创新示范区建设为重点，开展金融集聚区建设试点，高起点制定建设规划，科学安排重点金融项目，尽快形成特色鲜明、功能互补的金融产业集群。通过规划引领和重点金融项目配套，不断延伸和完善金融产业链，大力发展金融领域的设备制造、服务外包、软件产业、人才培训、后台服务和研发等配套产业，为金融机构集聚发展提供全方位的配套服务。

推动城乡金融均衡化。大力发展县域和农村金融，推进基本金融服务均等化。鼓励金融机构在皖北、大别山区等金融薄弱地区增设分支机构，加强金融服务，开发和推广与当地经济社会发展水平相配套的金融产品。引导资金以多种方式投向欠发达地区重点基础设施建设，实现城乡之间、区域之间金融协调发展。围绕全面脱贫的目标任务，充分运用支农再贷款、扶贫再贷款等政策，加大创业担保贷款、助学贷款、妇女小额贷款、康复扶贫贷款实施力度，重点加大对大别山集中连片特困地区和国家级扶贫开发工作重点县金融精准扶贫力度，帮助贫困地区加快发展、实现脱贫。

加大开拓创新。支持农村商业银行增资扩股，推进省农信社改革。推动城市商业银行和农村商业银行业务逐步回归本源。积极推动组建地方法人寿险公司，支持设立财务公司等非银行金融机构。规范发展小额贷款公司、融资担保公司、典当行、融资租赁公司和商业保理公司。持续优化政策性担保体系，招引各类金融机构入皖，支持发展金融小镇、基金小镇。积极争创合肥国家绿色金融改革创新试验区，大力推进长三角地区金融领域务实合作，力争将上海证券交易所支持科创板企业上市纳入长三角三省一市金融合作机制框架。

不断深化金融与科技创新的融合发展，加大对科技贷等科技金融产品推进情况的调度，根据业务开展过程中的难点与不足，完善修订产品管理办法。针对科创企业的不同类型，出台科技保险贷、高企贷等创新金融产品，进一步完善科技金融服务体系，帮助高新技术企业快速发展、助推科技型中小企业健康发展，逐步营造良好的科技金融发展环境。

持续强化薄弱环节的金融服务。完善新型政银担风险分担机制和"税融通""续贷过桥"合作机制，建设金融服务中小微企业平台，加强大数据开发利用，积极运用新一代人工智能等手段，强化信息整合，加大对民营企业、小微企业融资的支持。推动证券机构市场化纾困基金加快落地，为全省民营上市公司股权质押纾困。持续推进金融扶贫工程。继续推进农业保险转型升级。加大保险支持行蓄洪区产业发展力度。

（四）融合金融服务实体经济发展的重点环节

第一，与产业发展融合。随着国家战略贯彻落实不断深入，安徽省作为长三角地区发展重要支点，承接产业转移和功能疏解的前景广阔。产业结构优化升级要求资源重新配置，继而伴随金融需求。金融机构利用优良的发展环境，夯实协同发展产业基础的同时，实现产融结合，应对生态文明指标约束，加大对节能环保产业、战略性新兴产业、自主创业产业、高科技产业的支持力度。研究并适时推出利于促进产业调整与发展绿色金融业务，助力建设健康科学的产业布局，促进实体经济发展。有实力的产业集团向金融领域延伸，积极拓展产融结合业务，转型发展成为金融资本与产业资本并重的多元化企业集团。顺应全球金融综合经营的发展趋势，推动金融服务的集团化、综合化，以引进民间资本的 PPP 模式，积极组建地方性金融控股公司。金融服务的升级，为实体经济发展提供了更为高端优化、全面系统的支持。

第二，与民生发展融合。金融机构致力于服务实体经济，同时服务居民日常生活。金融通过刺激居民消费投资，发挥保值增值的财富功能；通过消费信贷发挥跨期资源配置功能，拉动内需促进实体经济发展；通过科学投资组合，发挥风险防范功能。商业银行科学配置物理网点数量，加大 ATM 机覆盖密度，方便居民存取款、查询、转账、自助缴费等业务的办理；探索"银医一卡通"工程，方便居民就医、结算。信贷金融机构或者金融服务公司在政策范围内降低信贷成本，加大对居民教育、助学贷款、购房、购车、装修等信贷支持；加大对创业就业的信贷支持力度，支持"创客新城"建设，为"大众创业、万众创新"营造良好的金融环境。通过金融发展切实与民生发展相融合，服务于民。

第三，与农村农业融合。安徽是我国农业大省，建立多层次的农村信贷担保机制，提高农民融资的可获得性。利用安徽品种丰富的农产品，探索构建省农产品期货市场，减少农产品价格市场波动造成农民收入的减少。大力发展村镇银行，鼓励农村合作金融的发展，创新农村贷款品种，建立多层次的农村金融要素市场。创新融资信贷模式，服务"三农"，推动农业产业化发展，加强对新型农业组织的金融支持力度。保险机构提高保险业参与新型农村合作医疗水平；发展与农民、农户、农场需求相匹配的保险业务，完善涉农贷款抵押、担保业务操作流程，健全担保财产的评估、管理、处置制度。

第四，精准支持民营企业、小微企业等薄弱领域。解决好"不愿贷""不敢贷""不好贷"等问题，建立尽职免责、容错纠错机制，提高小微企业贷款不良率容忍度。进一步依靠结构性改革，深化政策性融资担保体系建设，通过机制创新，加快盘活沉淀在"僵尸"企业、低效领域的金融资源，投向具有发展潜力的实体企业，进一步加强对小微、三农领域的金融服务。

（五）强化金融服务实体经济发展的风险管理

第一，金融机构提高风险管理能力。完善法人治理模式，增强管理能力和经营活力，建立健全风险防范和风险管理机制，审慎经营，确定风险管理全面性、前瞻性、专业性方向，建立风险、财务与资本"三位一体"的风险偏好流程机制，提高金融风险的识别、预警和处置能力。信贷活动注重完善贷前调查、贷中调查、贷后调查"三查"制度，重视前台、中台、后台"三分离"安排；积极配合相关部门，为企业提供征信服务，弱化市场信息不对称现象，建立健全信用担保制度与风险补偿体制制度建设，设立企业贷款风险补偿基金，弥补金融中介服务缺失，完善企业融资平台，拓宽企业融资渠道，降低信贷风险，助力企业更快更稳的发展，进而促进实体经济的发展。

第二，企业强化风险防范意识。建立董事会负责重大决策、经理层负责日常运营、监事会负责监督，股东及股东会监督和决策参与机制，而如需其真正发挥作用，还需健全科学的管理制度。切实完善公司治理结构，加强科学管理。科学、高效的公司治理结构不仅有利于公司的经营发展，也有助于企业获得低成本的融资。中小微企业大多资源存量小，抗风险能力弱，一旦发展战略选择失误、市场判断不准、产品不适销对路等，将对企业造成致命性的打击，甚至导致破产，所以一定要树立风险意识，防控好政策、市场、法律、流动性等风险，确保企业平衡运营。

第三，政府控制债务风险。坚持规范的融资程序，自我加强对融资渠道、抵押行为合规性的控制，确保政府融资的合规、有序；控制融资结构：在金融机构的帮助下，主动加强对地方债务到期结构的管理，使每年到期债务的额度与全区的收入水平和再融资能力相匹配且短、中、长期限债务结构合理。政府控制债务风险，有助于保障金融服务实体经济发展的安全性，提高金融服务的自觉性和积极性，进而促进实体经济的发展。

第四，整合金融监管资源。加快省级层面的金融风险防控平台建设，利用大数据技术防控金融风险。对地方农商银行在化解处置不良贷款给予财税政策支持。建立金融案件诉讼执行绿色通道，对资产处置过程中产生的持续和费用可给予适当简化和减免。加强地方金融监管职能，实现地方金融监管"7＋4"全覆盖。完善地方金融监管体系，推动各市、县区进一步完善地方金融监管机构建设。加快监管信息系统建设，完善地方金融监管规则，进一步增强地方金融监管履职尽责能力。

第五，打好防范化解金融风险"组合拳"。建立健全金融风险监测预警、早期干预和应急处置机制，积极稳妥有序地推进金融风险处置；开展互联网金融风险专项整治行动，开展对"校园贷""现金贷"等的规范整顿；不断加强农商行机构风险防控，推动省农信社建立全省农商行流动性风险应急处置机制和互助机制；持续开展各类交易场所风险整治，实施清理整顿各类交易场所"回头看"检查验收，有效防控重点交易场所风险隐患……通过紧盯持牌金融机构流动性风险、重点企业信用违约风险、互联网金融风险、非法金融活动风险、僵尸型"两类公司"风险等，着眼于"治未病"，加强分析研判，把握"时、度、效"，强化协调调度，积极参与维稳防控，坚决防范化解系统性金融风险。

今后几年，全国范围内新兴行业将快速增长，新动能将持续增强，服务业将继续较快发展，实体经济结构性调整恢复。同时，房地产市场调整、传统动能由强转弱、货币金融政策易紧难松、金融和债务去杠杆任务艰巨、环保督查力度加大等都将给经济带来不确定性。从国家层面来讲，宏观经济政策将保持稳定。财政政策将更加注重对环保、脱贫等领域的支持，防范地方财政风险，完善地方政府举债融资机制；货币政策将与宏观审慎政策、监管政策一道，保持货币信贷稳定增长，加强监管协调和防控金融风险。金融服务实体经济是一项复杂的系统工程。立足金融功能，实现由虚到实，真正落实金融服务实体经济的战略，是下一步安徽省乃至全国金融改革和发展的方向。

第七章 安徽省困境资产
特征及风险化解

一、安徽省困境资产情况

多年以来，安徽省围绕建设现代化五大发展美好安徽，深入推进供给侧结构性改革，持续加强创新驱动，坚决打好三大攻坚战，全力抓重点补短板强弱项，经济社会保持平稳健康发展，并呈稳中有进、稳中向好发展的态势，但全省银行业金融机构和非银行业金融机构，仍然存在部分资产信用风险快速暴露、非信贷类资产风险管控压力增大、困境资产核销转让存在阻力等现实问题。综合起来，安徽省困境资产分布特征体现在以下几方面：

（一）地方法人银行不良率偏高，拨备覆盖率下降

2018 年，全省银行业金融机构不良资产余额 505.2 亿元，不良资产率 1.93%，法人银行机构资本充足率为 14.1%，资产质量位居全国前列，但安徽省内地方法人银行不良率偏高，风险承担能力有所减弱。

分析其原因主要有以下几个方面：一是法人治理结构不完善。以农村商业银行为例，大部分农信社的股权较为分散，股权结构不合理，股东参与公司治理的积极性不高，难以对管理层形成有效制衡。二是经营理念落后。地方法人金融机构与全国性商业银行相比，大部分地方法人金融机构，没有长期的发展目标和远景规划，业务拓展和开拓创新意识不强，不利于机构的长远发展。三是人才队伍建设滞后。地方法人金融机构（尤其是农村商业银行、农村信用社）高层次、创新型、复合型金融人才匮乏，致使对市场的整体规划定位和前瞻性不够，金融产品和金融服务方式创新研发能力不足、服务能力不足，在市场竞争中仍处于劣势。

（二）资产分布呈现"纵向传导、横向扩散"的态势

从安徽省困境资产分布情况看，制造业、批发和零售业以及小微型企业是出现困境资产的重灾区。值得注意的是，受煤炭、钢铁等行业产能过剩、产品价格持续走低的影响，在煤炭、钢铁、有色等行业中个别国有企业杠杆率较高，困境资产出现较快增长，随着经济增速下滑和产业结构调整的深入，未来将可能向产业链上下游传导，并由产能过剩行业向其他行业扩散，呈现"纵向传导、横向扩散"的态势。

（三）零售类贷款风险凸显，困境资产增速较快

从业务类型看，在对公业务风险不断暴露的背景下，商业银行积极扩展零售业务，个人经营性贷款对应的经营主体多为个人或小微企业，随着经济形势下滑，在面对经济新常态时，抗风险能力较弱，未能及时转变经营策略，反而仍激进扩张，加之企业资金储备及人才储备不足、管理混乱等多方面的因素，在国内经济转型期过程中陷入资不抵债的困境。另外，小微企业不良率的普遍上升，进一步导致企业整体形象差，社会信誉度不高，使部分银行产生"惧贷""恐贷"情绪，缺少银行持续性的支持，这也是重要的因素。

（四）非信贷资产规模快速扩张，风险管控压力不容忽视

随着利率市场化的推进和银行间同业竞争的加剧，银行存贷利差持续收窄以及不断暴露的银行信贷风险，商业银行的业务重心逐步由传统的信贷业务转向同业、投行、非标投资等非信贷业务，相关非信贷业务在银行资产规模的占比快速上升。由于非信贷资产业务种类繁多，结构复杂，涉及多个业务部门，分布在众多会计科目之中，加之在当前宏观经济形势下，底层资产风险持续暴露，安徽省内非信贷违约情况较往年有所增多，非信贷业务风险管理难度较大。

二、安徽省困境资产风险化解的重要意义

金融发展的有序健康，才能引导资金资源在各个实体行业优化配置，这对于经济的持续发展，无疑有非常重要的推动和影响作用。随着国内整体经济增长下降，安徽省银行的不良资产有攀高的隐患，因此应对困境资产的累积风险要高度警惕。

（一）阻碍地方供给侧结构性改革进程

供给侧结构性改革的核心是放松管制、释放活力，让市场机制发挥决定性作用，从而降低制度性交易成本，提高供给体系的质量和效率。安徽省的供给侧结构性改革，围绕"去产能、去库存、去杠杆、降成本、补短板"为中心任务，但随着改革的进行，必然伴随着不良资产和破产重整的产生。这些新问题如果处理不当，将对行业中有效益、有市场、有竞争力的优质企业健康持续的发展产生影响，因此安徽省金融资产管理公司和地方资产管理公司应发挥专业优势，积极承接改革过程中剥离的辅业资产、无效资产和低效资产，参与国企改制重组工作，对优质企业继续给予金融支持；对长期亏损失去清偿能力和竞争力的"僵尸

企业"，或环保安全不达标、整改无望的企业，稳妥有序地推进重组整合或使其退出市场。

（二）增加地方金融风险及维护地区稳定

金融风险事关国家和地区的经济金融稳定与安全，防范、化解、管控金融风险具有非常重要的战略意义。当前，安徽省经济金融保持稳定协调发展的势头，金融体系总体状况良好，风险可控，但经济发展不确定因素增多，增长压力加大，部分地区、部分行业金融风险暴露，部分金融风险处于潜藏、累积的状态。在经济结构新旧动能转换过程中，企业在生产经营、流动性安排方面难免会出现一些新的困难和问题，对于显现的金融风险，需予以及时化解；对于潜在的金融风险，则需予以积极防范。

（三）加大地方政府融资平台债务爆发风险

安徽省各地政府为了大力推进地方经济发展和城镇化建设，利用地方政府融资平台纷纷加大项目投资力度，从城乡基础设施、传统产业到新兴产业，这些工程项目的开工建设，需要巨大的资金投入，这也导致地方政府债务负担沉重，其中银行是地方政府性债务的主要资金来源。未来几年是安徽省地方政府融资平台集中还款时期，地方财政受经济增速放缓、房地产调控等因素的影响，收入下降较快，按期还款压力不断加大，其中地方政府隐性债务面临两个风险：一是部分融资平台和国有企业的偿债能力本身问题所带来的信用风险；二是很多融资平台和地方国企本身有足够的偿债能力，但因为流动性问题导致的违约，即流动性风险。

（四）恶化地方信用和投资环境

区域内累计的不良资产将导致地区资金大量沉淀或外流，制约省内国有企业改制和产业结构调整。安徽当前既是长三角重要组成部分，又是中部崛起的重要组成，亟须进一步加强社会信用体系建设，改善投资环境，吸引更多的投资，加快经济发展。若区域内金融机构不良资产率快速上升，地区企业信用评级状况将难以有效提升，对于推动安徽省外各类金融机构、大型企业、科研院所和跨国公司加大对安徽省项目引进、资金投资将产生不利的影响。

三、安徽省困境资产风险化解手段

由于困境资产的历史形成原因及其形成后的状况十分复杂，存在着各种各样的特殊性。因此，困境资产的清收化解工作也具有其自身的特殊性，无论是工作程序还是工作内容都更具灵活性与挑战性，目前各类金融机构困境资产的处置方式主要分为传统处置方案和新方案两种。传统处置方案主要包括自主清收、债务核销、以物抵债、批量转让等多种方式。在中国的金融系统建设逐渐完善的背景下，近些年也出现了互联网处置、债转股、资产证券化等新兴不良贷款处置方式，它们相比传统方式更具有市场化、综合化、多元化等优势。

（一）传统类处置模式

1. 自主清收

自主清收是指对还款意愿较好的客户采取现金清收方式降低不良资产，该模式是农村商业银行常用的一种处置方式。特点是受借款人的信用水平、财务状况、还款意愿等因素影响较大，清收过程中占用银行人力资源成本和物力成本大，针对大额不良资产现金清收难度高，另外考虑到司法机构的执法力度等因素的制约，清收效果难以保证，因此"赢了官司输了钱"的现象较为突出。

2. 债务核销

债务核销是指对采取可能的措施和实施必要的程序之后，仍未收回的债权或股权损失，按照规定的报批程序、利用贷款损失准备或一般准备等科目进行冲销的处置模式。核销作为传统处置方式之一，具有处置彻底、见效快的优点，但财政部颁布的核销管理办法严格，核销申报手续烦琐，大部分农村商业银行权限较低，核销审批权限一般由当地省联社决定，无法达到大规模批量处置的目的，同时，近年来符合政策条件的困境资产越来越少。

3. 以物抵债

以物抵债是指以实物资产或财产权利作价抵偿不良债权的行为。该模式处置周期短，但抵债资产多数情况下存在评估价虚高等瑕疵，涉及较为复杂的变更登记手续及确权过户中较高的税费负担、后续实施过程中可能遇到无法取证、难以完成过户等问题。

4. 批量转让

批量转让是指对一定规模的不良资产（3户以上）由银行方先进行组包，再定向转让给资产管理公司的行为。与其他处置手段相比，批量转让处置的不良资产回收率基本相当，但执行效率更高，能够在短时间内为银行解决存量不良资产较多的难题。特别是对不良资产集中、多种问题相互交织、形成原因复杂的企业或地区，单靠银行自身的力量难以解决，有必要借助资产管理公司盘活不良资产（见表7-1）。

表7-1 传统处置方案优劣势总结

传统处置方案	优势	劣势
自主清收	常用、直接、有效、回收现金	受借款人的信用水平、财务状况、司法机构的执法力度等因素的制约
以物抵债	迅速消除不良资产	承担各种税费高、资产评估价虚高、处置成本高、难以过户等问题
批量转让	处理速度快、回收现金快、限制少	操作流程较复杂
债务核销	处置彻底、见效快	核销办法严格、申报手续烦琐

（二）创新处置模式

1. 互联网处置

目前，借助互联网开拓新渠道和新方法，逐步形成"互联网+不良资产"

业务模式，分为股权众筹、网络拍卖、互联网委托处置等几类。主要优势为参与门槛低、网络化操作便利，互联网信息成本低、全民参与度高，能够提高资源协调水平，推动资产处置效率；信息透明度高，处置流程在网络平台中更趋于公开和规范，提高了交易的公平性。部分股份制商业银行对互联网处置体现出强烈兴趣，但农村商业银行实际推行力度不大。

2. 债转股

债转股实质是将债权债务关系，转化为债权人和债务企业之间的持股与被持股关系，将还本付息转化为按股份分红，通过向债务企业派驻董监事，参与企业重大决策，帮助企业优化治理结构，提高经营管理水平，但债转股业务操作复杂、专业性较强，因股权价值比债权价值波动幅度更高，隐藏的风险也较大，重组不成功可能会陷入破产清盘的境地。因此债转股要谨慎选择实施对象，应以转股后债务人经营水平和偿付能力有提高的空间为前提条件，否则实施效果仅仅是风险转移。目前，银行业金融机构实施债转股一般通过设立子公司的形式实施。

3. 资产证券化

资产证券化是利用商业银行的不良资产，组成具有可预期和相对较为稳定未来现金流的资产组合，通过信用增信方式在资本市场上发行，利用资产未来现金流还款的一种证券化处置方式。

4. 收益权转让

商业银行以所持有不良资产对应的本金、利息和其他约定款项的权利作为流转标的，通过银行业信贷资产登记流转中心备案登记后进行收益权转让。收益权转让的优势在于处置速度快，并且较好地解决了零售类业务不能批量转让的现实问题，但2016年，银监会下发《关于规范银行业金融机构信贷资产收益权转让业务的通知》，要求收益权转让在涉及计算拨备覆盖率、不良资产比例和不良资产余额等指标时，出让方银行应当继续将这些部分计入不良资产统计口径，这在一定程度上降低了商业银行参与该种模式处置的动力。新处置方案优劣势总结如表7-2所示。

表 7 - 2　新处置方案优劣势总结

新处置方案	优势	劣势
互联网处置	资金募集快、参与人数多、处置效率高，信息透明化	现有监管政策衔接、特殊司法政策能否继续沿用等
债转股	降低企业利息负担，利于企业着眼于长期盈利但短期现金流匮乏的项目，业务操作复杂、专业性较强，隐藏的风险较大	推迟收回现金流而面临更大的流动性风险；成立子公司受限于监管审批，难度较大
资产证券化	解决了零售类不良资产批量处置的问题	基础资产回收的金额、时间点难以估算，因此资产池的加权平均现金流也难以预估。部分农村商业银行受限于软件系统升级，不能开展业务
收益权转让	处置速度快、零售类业务可以批量转让	转让后按照原信贷资产全额计提资本

（三）基金处置模式

2014 年 12 月，根据安徽省委、安徽省政府统一部署，安徽省高新投公司发起设立安徽高新壹号、贰号、叁号基金，在成功组建和运营的基础上，省内其他公司相继又发起设立若干只创业投资基金和专项产业投资基金，截至 2018 年末，安徽省成立省级政府性股权投资基金母基金 13 只，基金规模 1235 亿元，省级政府性股权投资基金子基金 23 只，出资人包括安徽省投资集团、华安证券、国元集团、安徽省财政厅、安徽省国有资产运营公司等。

安徽省内四大金融资产公司和地方资产管理公司（AMC），可充分利用基金化模式设立有限合伙企业（基金）的方式盘活困境资产，实现资产价值的提升。在该处置模式下，基金的定位侧重于投资和运营，通过发掘投资机会并撬动社会资金共同投资以获取困境资产投资回报，其一般思路是通过整合优化资产质量，利用风险重定价转移信用风险，从而修复企业信用，其核心是对困境资产的价值整合与提升。为更好地实现投资收益，困境资产基金除需要选择好投资标的外，更需要通过多种方式对资产进行挖掘提升，使其价值得以充分体现，目前实践中主要有以下四种形式：

1. 债转股基金

债转股是 PE 投资基本模式之一，债转股业务操作较为复杂，专业性较强，隐藏风险也较大，需要慎重选择实施对象，在具体运作方式上，困境资产投资基金先将购买的困境资产包进行梳理，将其中基本面良好，但因流动性问题而形成困境资产的相对优质企业挑选出来，作为主要标的开展债转股，继而通过改善企业经营提升企业价值，最终通过 IPO、企业回购、股权转让等方式退出，实现转股资产的增值。

2. 并购重组基金

对于符合国家发展导向的、相对优质的企业，若因经营不善而面临资金困境时，可通过并购重组基金来帮助公司脱困，改善经营局面。并购重组基金的基本模式是 AMC 与其他投资者（如信托公司、银行或其他社会资本）设立有限合伙企业，AMC 在重组基金中分别担任一般合伙人（GP）、有限合伙人（LP）共同参与困难企业重组。通过 GP 的专业化管理改善企业经营状况，并将收益对投资者进行持续分红。其中的关键环节是重组方案的选择，以更好地挖掘企业价值。重组模式主要采用变更债务条款、债务合并等，通过资产整合优化企业资产质量，实现资产价值提升。

3. 产融结合基金

由于新一轮困境资产处置面临处置周期拉长、资金占用成本高等问题，产融结合基金作为一种新模式也已开始出现。其一般模式是由 AMC 作为 GP 设立产融结合基金，引入行业龙头、产业资本或上市公司作为 LP，并引导社会投资者参与投资。具体运作中，AMC 可根据困境资产和债务主体特点设计针对性的交易结构，并对其中增值潜力较大的资产进行整合，最终盘活存量资产。产融结合基金有助于提升处置效率，纠正资源错配，更好地发挥综合金融服务功能。

4. 破产重整基金

供给侧结构性改革的深入推进必然伴随着困境企业的破产重整。破产重整，特别是其中的再建型重整（即重整结束后主营业务继续保留），是上市公司和非上市公司重整的主流模式。破产重整基金有利于 AMC 等机构将社会资本 LP 的资本优势与 GP 的处置经验优势相结合，发挥问题企业救助功能，提高困境资产处置效率。同时，由于破产重整发生在司法程序中，交易对手通常为管理人且有法院监督，可以确保信息公开透明，杜绝虚假信息，相对而言基金运作的安全性能更好地得到保证。在当前经济下行期企业风险事件频发的背景下，破产重整基金将有更为充分的发展空间。

四、安徽省困境资产风险化解成功案例

在防控金融风险主基调下，作为困境资产市场主力军，安徽省内东方、华融、信达、长城四大资产管理公司分公司全面回归不良资产主业，加大收购不良资产包规模的力度，通过多收购与快处置并重，提高资产处置效率，保持省内困境资产市场的领先地位。与此同时，安徽省内两家持牌地方资产管理公司，国厚资产管理股份有限公司和安徽中安资产管理有限公司，作为不良资产处置市场的另一支重要力量，以为金融机构解难、为地方政府解围、为中小企业解困为使命，积极参与省内不良资产的收购处置，在债务重组、企业重整、债转股等具体业务开展方面积累了诸多成功案例和经验。

（一）华纳公司债务重组案例

1. 案例背景

铜箔、覆铜板、PCB 产品是国家鼓励发展的电子信息产业和集成电路基础产业，也是安徽省铜陵市铜基新材料产业基地和战略新兴产业的重要支撑。2015年 4 月 22 日，铜陵市国家级经济技术开发区 PCB 产业园内重要招商引资企业华纳国际（铜陵）电子材料公司（以下简称"华纳公司"）因资不抵债，被债权人向该市中级人民法院对其提出破产清算申请，并由该市中级人民法院受理并指定管理人对该企业组织进行破产清算。

华纳公司系 PCB 产业园区最早引进的一批企业，与铜陵浩荣电子科技有限公司、铜陵浩荣华科复合基板有限公司（以下简称"浩荣电子"）等 PCB 产业链企业之间存在融资担保、互保，因浩荣电子的破产问题导致被债权人申请破产清算。华纳公司资产总价值 3.16 亿元，涉及银行、担保公司以及供应商等近十家债权人，该公司本身除互保引发的资金链断裂问题外，并不存在其他问题，且在互保问题爆发前，一直在开展香港 H 股上市准备工作，公司治理结构等均符合现代公司治理要求，下游客户稳定，若能够解决债务危机，华纳公司能够正常运转并扭亏为盈。

2. 债务重组思路及方案概述

为了平衡此次债务重组过程中各方的利益诉求，国厚资产管理股份有限公司（以下简称"国厚资产"）积极协助当地政府设计解决方案，经过与铜陵市经开区政府积极讨论协商，最终确定通过司法途径解决华纳公司债务问题，由国厚资产下属控股基金管理公司与当地政府下属城投公司——铜陵大江投资控股有限公司合作共同募集成立铜陵欣荣铜基新材料产业发展基金（有限合伙）（以下简称"私募基金"），专门用于向华纳公司股权及债权投资，为公司注入血液，保证该公司正常经营，具体方案如下：

（1）债务重组方与华纳公司全部债权人召开会议，沟通确定华纳公司的债务重组思路及方案，债权人均全部同意。因华纳公司全部资产均已抵押于债权人，建议由全部债权人向华纳公司住所地有管辖权的人民法院提起诉讼，诉讼了结后由人民法院对华纳公司的全部资产进行司法拍卖。

（2）因考虑未来私募基金投资入股华纳公司后，拟对该公司进行资本运作，并考虑部分供应商的诉求，最终确定由私募基金、华纳公司管理层（除原股东外）以及部分供应商共同出资成立新公司，并由该公司以司法竞拍的方式承接原华纳公司的全部资产。

（3）新公司由私募基金控股，控股股东进行市场化招聘重新组建新公司的管理层并向新公司委派董事、监事及法定代表人。华纳公司原企业的全部职工重新入职新公司，由新管理层对公司进行运营管理。新公司以资产向银行进行融资并由控股股东向新公司注入部分流动资金，保证新公司日常经营运转。国厚资产协助当地政府积极引入战略投资者，将私募基金持有的新公司股份部分或全部转让给战略投资人。

3. 重组效果及退出方式

2016 年 7 月 21 日，新公司召开了第一次股东会、一届一次董事会和一届一次监事会会议，审议通过了公司经营管理相关议案，并选举了公司董事长、监事会主席，重塑决策监督管理机制。

2016 年 9 月因铜箔市场价格上涨，覆铜板价格上涨 10%，新公司抓住这次发展机遇，增加自助订单，提高利润率，并由私募基金向新公司追加债权投资 3000 万元。为激励新公司员工冲刺完成销售目标，私募基金召集各股东方召开股东会审议通过 2016 年员工奖励考核管理办法。

2016 年 9～12 月，新公司销售板材 127.98 万张，占全年销量的 40%；实现销售收入 6305 万元、产值 1.85 亿元，分别占全年的 55%、38%，新公司超预期实现了扭亏为盈任务目标。

自新公司成立之日起，国厚资产与铜陵市经开区管委会及新公司其他股东共同商讨新公司的资本市场规划目标，并寻求私募基金的退出路径。国厚资产牵头相关方多次与浙江华正新材料股份有限公司、江西盛祥电子材料股份有限公司（新三板挂牌：833836）、深圳飞尚集团、芜湖楚江新材（002171）、武汉联恒信、山东金宝公司等公司进行沟通，力争于 2017 年引入战略投资者，实现私募基金持有新公司股权的安全退出。

综合考虑新公司运营、私募基金退出、新公司小股东利益及地方政府的诉求等情况后，经多轮谈判，最终各方确定以进场竞价交易的方式确定新公司的战略投资者。2017 年 8 月，山东金宝公司成功受让私募基金持有新公司的全部股权。

华纳公司债务重组工作的成功，及时化解了担保链债务危机，有效防范了风险蔓延，使企业获得新的发展，并实现扭亏为盈，为促进当地经济健康稳定发展、助力产业转型升级发挥了重要作用，赢得了铜陵市政府的高度评价及各界的广泛认可。

4. 成功经验

（1）同当地政府积极协商合作，合理设计解决方案。

在当地政府的积极组织和多方商讨下，国厚资产作为其中重要一方担任起尽调职责。经过尽职调查和债务重组初步设计，其与当地政府充分协商讨论，最终确定了合理的解决方案，为后续的重组程序以及公司改组奠定了基础。

（2）创新资金引入和退出方式，设立私募基金进行专项债务重组。

国厚资产与当地政府根据尽调结果，最终确定通过司法途径解决华纳公司债务问题，并由国厚资产子公司与当地政府下属城投公司合作共同募集成立私募基金，成功引入资金用于专项债务重组，为华纳公司注入新鲜血液。在新公司成立之后，经各方谈判最终确定以进场竞价交易的方式确定新公司的战略投资者，私募基金实现顺利退出。

（3）利用市场化手段引进管理团队。

提升企业核心竞争力重整之后，新公司以原有主要管理人员为核心管理团队，并逐步以市场化的形式，继续引进和培养优秀人才管理团队。同时继续沿用华纳公司的无形资产和客户资源，提升研究能力和技术优势，增强了新公司作为战略新兴新材料行业领军企业的核心竞争力。

（二）国开公馆破产重整案例

1. 案例背景

国开公馆项目位于安徽省合肥市包河工业区重庆路以东、大连路以南、辽宁路以西、延安路以北区域，由安徽国开置业有限公司（以下简称"国开置业"）开发建设，并由安徽中力建设集团有限公司（以下简称"中力建设"）总包施工，该项目总建筑面积22万平方米，共有13幢高层住宅楼（1782套住宅）和9幢商业楼，2009年10月"国开公馆"项目正式启动，由于实控人携款潜逃及资金链断裂等问题，所有预售房产、土地、银行账户均被法院查封，项目于2013年9月停工烂尾，该项目曾是合肥市包河区最大的烂尾项目，期间虽多次复工，但均因缺少追加投资而宣告失败。国开公馆项目与安徽省内已有的房地产烂尾项目相比，就总体负债规模而言不算高，但这丝毫没有降低本项目的复杂性。反而，因房地产行业的特点，小额债权人众多、债权性质复杂，极大地增加了债务重组和项目盘活工作的难度。这些主要体现在以下两个方面：

（1）小额债权人人数众多，维稳压力大。

房地产行业，其债权人不仅有普通债务企业中较为常见的银行债权人、供应商债权人、民间借贷债权人外，还有与国开置业签订房地产买卖合同、预售合同的债权人，合计人数超过 1000 人。这些债权人中，大多数是额度较小的自然人，其维权方式常常是非理性的，如聚集闹事、干扰经营、人身攻击等。一旦控制不当，极可能造成严重的治安事件乃至群体性事件。项目烂尾以来，以购房业主为主体，连续数次组织百余名债权人聚集到合肥市政府、包河区政府催要欠款。同时，部分债权人反映至媒体，省内外多家媒体上门进行采访。这些均对烂尾项目开工复建带来巨大的维稳压力。

（2）项目复工建设融资难。

国开置业属于典型的地方小规模房地产开发企业，因开发房产项目所需资金大部分来自高息银行贷款、民间借贷，利息负担较重，进而导致资金链断裂，引发债务危机。复工建设的资金是国开公馆重建工作的绝对核心，只有注入资金续建项目才能避免资产被贱卖，才能最大可能挽回债权人的损失。但因公司社会信誉的严重受损，投资者信心深受打击，如想继续通过银行融资或民间借贷的方式引进建设资金已是不可能，其项目建设现已完工大半部分，如何引进后续建设资金成为该项目的难点。

2. 方案概述

（1）地方资产管理公司联合政府成立项目公司。

国开公馆项目因开发商经营不善，导致资金链断裂、项目停工。对此，包河区高度重视，成立了国开公馆项目推进领导小组，2017 年 2 月 5 日，由包河区政府牵头，组织合肥包河经济开发区管委会与安徽省地方资产管理公司——国厚资产股份有限公司（以下简称"国厚资产"）就国开公馆烂尾项目的处置召开了第一次会议，确定基本路线并拟定了处置方案。2017 年 6 月，国厚资产与包河区政府平台公司联合成立了包河国厚，负责国开公馆项目建设的协调推进工作，在包河区政府、区管委会及骆岗街道牵头主导下，包河国厚以购买项目工程款债权形式参与对"国开公馆"项目的重整与复建工作（期间由包河国厚累计投入资金及资金占用成本合计约4900余万元），在包河国厚的资金支持下，国开公馆项目二期工程得以顺利完工，并于2019年1月20日，实现了项目3-7号楼600余户业主正式交房，这标志着项目处置工作取得了阶段性成功，为整个项目的第二阶段工作奠定了坚实基础。

（2）以破产重整的方式引入重整投资人。

由于国开公馆项目在合肥市各辖区内均涉及司法诉讼，在第一阶段工作进行过程中，部分债权人已启动司法拍卖手续。为避免各债权人及后续投资方的利益受损，经各方综合考虑，2018年12月初向合肥铁路运输法院提交"国开公馆"项目破产申请，合肥铁路运输法院于2018年12月17日正式裁定受理债权人的破产清算申请，"国开公馆"项目正式进入破产重整程序，在债权申报期间，管理人依法接受1200余户债权人债权申报，累计申报债权金额高达10亿元。包河国厚作为普通合伙人的有限合伙企业——铜陵市航鑫企业管理服务部（有限合伙）中标成为国开置业项目的重整投资人，纵观该破产重组的整个过程，仅仅历时八个多月，就完成了重整方案从酝酿、设计、定稿直至通过，处置周期之短，效率之高在行业内堪称"经典"。

3. 成功经验及区域影响

（1）建立沟通机制，做到公正透明。

因国开公馆项目债权人人数众多，项目公司包河国厚出面进行解释时，经常受到围攻和指责，无法一一和债权人形成有效的沟通交流，双方之间信息不对称可能造成债权人对管理人工作的误解，不利于管理人工作的开展。为此，包河国厚专门设立多路沟通电话，专人负责接听，解答债权人疑问；在项目原销售中心设置管理人接待处，专人接待债权人上门沟通；利用短信平台，发布消息，加强与债权人之间的即时沟通。因本案破产重整涉及面较大，受到了多方媒体的关注，对此，包河国厚积极与媒体进行沟通，变被动为主动，借媒体上门采访的平台，宣传破产法律，披露真实情况。

（2）地方政府的帮扶和依法破产重整并行。

国开置业公司在被法院受理破产清算申请前，处于很长时间的停业状态，后因国开公馆项目的众多购房户信访、上访、集中闹事，当地政府按照相关政策及项目特殊性，与国厚资产联合成立子公司包河国厚，并在政府的帮扶下，小区二期建设完成了竣工验收并交付。在了解到部分债权人启动司法拍卖手续后，包河区政府和国厚资产及时决定对项目公司进行破产重整的方式解决问题，在一般的并购交易中，往往会因信息不对称，而转让方又总是遮遮掩掩，收购方付出高昂的尽职调查、谈判协商成本，也会耗费很长的时间。破产重整程序的启动，可以帮助投资者降低因信息不对称产生的顾虑，而债权人会议多数认为表决机制可以帮助投资者节约谈判成本。

（3）设立有限合伙企业，提高处置效率。

国开公馆项目仅仅通过包河国厚自有资金处理困境资产会占用公司较多的资本金，不利于困境资产后续的收购、管理和处置。通过设立铜陵市航鑫企业管理服务部（有限合伙）的方式，信托公司出资认购优先级 LP 份额，社会投资者作为劣后级投资，包河国厚出资认购 GP 份额并担任该有限合伙企业的执行事务合伙人。此方案利用广大社会资本的资本优势与包河国厚的处置经验优势结合，共同参与困境企业的重整过程，有效提高了资产的处置效率。

（4）通过破产重整维护债权人利益，实现公平清偿。

国开公馆项目处于合肥市包河区，在地理位置上拥有特殊的区位优势，如果引进投资者，项目销售收入可实现较好的盈利。反之，如对国开置业进行破产清算，如果破产清算，全体债权人尤其是普通债权人将面临清偿率极低的局面，公司也将倒闭注销，这是大多数债权人不愿接受的结果。从最终重整的整体效果来看，重整条件下的清偿率远远高于清算条件下的清偿率，数字本身就是对广大债权人权益得到保护的最好注解，而重整计划的表决通过无疑是对法院、政府、破产管理人等各方工作的最好认可，虽然债权必须打折清偿，但债权人认可这是在债务人资不抵债的情境下的较优方案，是体现公平清偿的方案，也是可以实现债权人利益最大化的方案。债权人的选择归于理性的这一过程中，其负面情绪也得到了较好的释放，无形中也起到了维护社会稳定的效果。

（5）助力银行不良处置，维护区域金融生态。

国开置业主要债权人涉及多家银行，由于债权金额较大，多家地方法人银行面临不良率压降的压力。考虑到对合肥及包河区地区整体金融生态状况的影响，致使包河区企业在宏观调控收紧的大背景下，资金更为短缺，这势必会影响地区经济发展和金融生态稳定。国开公馆项目重整案自合肥铁路法院于 2018 年 12 月 17 日受理至 2019 年 7 月 18 日法院批准裁定重整计划，历时仅 7 个月，过程畅通，进展顺利，充分体现了受理快、审理快的特点，为各家银行不良贷款在 2019 年度内予以核销提供了便利，从整体上降低了各家银行在合肥地区的不良率，同时也为维护金融机构债权人权益起到了积极的正面宣传效应。

国开公馆烂尾项目是国厚资产在地方政府指导和支持下，发挥自身专业优势，综合运用债务重组、破产重整、搭建有限合伙架构等方式盘活存量资产的经典案例。该项目的成功复工，无疑为其他类似项目的重获新生提供了经典样本，对于维护社会稳定，促进地方经济健康发展具有重要的意义。

五、小结

综观国际困境资产市场的发展路径和特征，市场细分化、投资专业化是困境资产业务走向成熟的市场化标志。近些年，在政策推动和市场自主发展的双重作用下，我国市场化的困境资产业务已经初见雏形。但综合来看，普遍仍存在两个方面的问题：一方面，虽然监管层及金融机构均高度重视困境资产问题，但具体效果仍然欠佳，困境资产规模仍在上升，有效处置困境资产、防范化解金融风险已然成为目前的焦点和难点问题；另一方面多数投资人没有充分认识到，困境资产仍然是有价值的资产，困境资产处置是可以创造新价值的经营行为。因此，问题的关键是进一步创新模式和机制，探寻化解困境资产风险的有效途径。

从华纳公司债务重组案例和国开公馆破产重整案例，我们可以看出，在新的市场形势下，基金化处置方式对比其他方式，显得优势明显：

第一，基金处置方式可提高其运营效率。因为，仅仅通过 AMC 自有资金处理困境资产会占用公司较多的资本金，不利于困境资产后续的收购、管理和处置。而且，随着资产管理公司竞争的加剧，未来困境资产处置的核心竞争力在于对于风险的识别以及资产的定价，而基金化模式通过设立有限合伙企业（基金），撬动社会资金，联合专业团队共同处置商业银行的不良贷款，帮助困境企业重组，可以发挥专业管理团队在风险识别和资产定价方面的双重优势，加快金融资产管理公司的不良资产处置效率。

第二，对于二级市场的投资者而言，通过引入外部社会投资者，可发挥其资金优势和资本市场的经验优势，丰富困境资产的处置方式。除了清收或转让之外，基金可采取债务重组和债转股等方式实现价值回收，因而加大了不良资产处置的效率。

综上所述，采用基金化运作的方式处置困境资产，有助于实现全产业链资源整合，在提高处置效率的同时，能在最大程度上对困境资产的潜在价值进行挖掘和提升，纠正资源错配，实现困境资产处置经济效益和社会效益的双赢。然而以困境资产基金为载体，加大困境资产处置力度，创新困境资产经营模式，既有利于充分发挥 AMC 防范化解金融风险的本职功能和经验优势，也有助于 AMC 更好地服务于供给侧结构性改革主线，更好地为实体经济发展服务。

后　记

　　本书是中国社会科学院工业经济研究所、安徽省私募基金业协会、国厚资产管理股份有限公司三方联合完成的成果。感谢中国证券监督管理委员会副主席阎庆民在百忙之中为本书作序。在研究过程中，课题组进行了多次现场调研，感谢铜陵市人民政府、马鞍山市人民政府、淮南市人民政府、合肥经济技术开发区管理委员会等单位领导的大力支持，感谢课题组各位成员协力拓展了工业经济研究所对产业与金融协同发展问题的研究范围和视角。本书共分为七章，各章的作者分别是：第一章，李鹏飞；第二章，李鹏飞、陈明明；第三章，周维富；第四章，邓洲；第五章，叶振宇、徐鹏程；第六章、第七章，汪忠新。各章文责由其作者负责。史丹、王东负责本书所依托项目的设计、选题，确定本书的内容和结构，对项目研究和本书出版负责。周庆、李鹏飞为项目顺利进行做了大量协调工作，汪忠新为项目调研做出了贡献。书中不足之处，请读者批评指正。

史丹

2020 年 4 月 16 日